그림으로 읽는 이야기

KB091030

# 수면

**니시노 세이지** 감수 ｜ **이명훈, 황미니** 감역 ｜ **양지영** 옮김

BM (주)도서출판 **성안당**

2020년 새해 벽두부터 COVID-19(코로나바이러스감염증)가 맹위를 떨치면서 전 세계에 많은 사망자를 내는 사태로 확산되었다. 일본에서 개최 예정이었던 도쿄 올림픽은 연기되었고, 긴급사태가 선포되는 등 역사적으로 봐도 매우 심각한 사건이 되었다. 하지만 한편으로는 이 재앙이 자신의 생활 습관을 돌아보면서 수면의 중요성을 재인식하는 계기가 되었다는 생각도 해 본다.

미국에서는 국민의 약 40퍼센트가 예방접종을 하는데도, 매년 2~6만 명이나 되는 사람이 계절성 인플루엔자로 사망한다. 그러다 보니 COVID-19가 유행하기 이전부터 이미 감기나 인플루엔자의 감염 예방에 있어 수면의 중요성이 강조되었다.

충분한 양질의 수면은 면역력을 증진시키고, 감염의 첫 관문인 균과 바이러스를 제거하는 기능이 있는 자연 면역을 증대시킨다. 만약, 운이 나빠 감염되었다고 해도 항체 생산과 같은 획득 면역이 제대로 작동하게 함으로써 회복 과정을 촉진한다. 뇌는 수면 중에도 계속 움직이면서 깨어 있을 때 미처 돌보지 못한, 몸에 중요한 일들을 점검하고 관리한다.

정상적인 수면 패턴의 경우에는 입면 직후, 깊은 비렘수면 단계에서 수면 부족과 피로를 해소하고 자율신경과 호르몬 균형을 조절하며 면역력 증강, 노폐물 제거 등 수면의 중요한 기능을 완수한다. 날이 밝아

오면 깊은 비렘수면은 나타나지 않는 대신, 렘수면이 길어지면서 뇌와 몸이 깨어날 준비를 한다. 정상적인 수면이라면 자연스럽게 깨어나고 몸과 마음이 가뿐해져서 낮 동안의 활동량을 증가시킨다.

하지만 수면무호흡증과 같은 수면 장애나 만성 수면 부족으로 인해 수면 부채가 생기면 새벽녘에 깊은 잠이 들어 아침에 일어나기 힘들어지고 푹 잤다는 느낌도 들지 않는다. 그리고 재택근무로 야행성 생활을 하다 보면 신체 리듬이 조금씩 깨지면서 기상 시간이 되어도 개운하게 일어나지 못한다.

규칙적인 생활 습관을 만드는 일은 어렵다. 그러나 '수면을 적으로 만들면 무서운 상대지만, 내 편으로 만들면 든든한 동반자다'라는 말을 명심하자.

수면은 살아가는 데 필요한 기본이면서 가장 중요한 생리 현상이다. 규칙적인 생활을 하면서 수면에 관한 이해의 폭을 넓히면 저절로 양질의 수면을 달성할 수 있을 것이다.

이 책에서 얻은 지식을 최대한 활용해 오늘부터 '숙면'을 목표로 편안한 잠과 각성의 리듬을 만들어 보자!

스탠퍼드 대학교 의학부 교수

**니시노 세이지**

## 제2장

# 지금까지 밝혀진 수면 과학의 메커니즘

5

6

## 제3장

# 오늘 밤부터 '황금 시간 90분'의 질을 높이는 비법

**7**

┌─ **제4장** ─────────

# 스탠퍼드 대학에서 배운다!
# Q&A 수면 어드바이스

# 제 **1** 장

## 자랑하고 싶은
## 최신 수면 상식

# 01 수면은 감염병 예방의 기본

세계적으로 맹위를 떨친 코로나바이러스(COVID-19)에 감염될지 아닐지는 똑같은 환경이라도 면역력에 따라 달라진다.

면역력과 수면은 밀접한 관계가 있다. 실제로 캘리포니아 대학교에서 건강한 164명의 피험자에게 점비약으로 감기 바이러스를 투여해 수면시간별 발병률을 조사한 결과, 수면시간이 5시간 미만인 사람은 7시간 이상 자는 사람에 비해 발병률이 대략 3배가 높았다(→11쪽 그림). 수면에는 세균이나 바이러스에 대한 저항력, 즉 자연면역을 증강하는 효과가 있는 것이다.

또한 운 나쁘게 세균이나 바이러스에 감염되었을 때는 획득면역이 작동해 발열과 수면을 일으킨다. '감기는 푹 자면 낫는다'라는 말처럼 자는 동안 획득면역이 작동하고 있다면 수면은 감기를 낫게 하는 최고의 방법이라고 할 수 있다(자연면역과 획득면역에 대한 자세한 설명은 46쪽 참조).

더욱이 아무리 예방접종을 해도 수면이 충분하지 않으면 항체 반응이 약해져 효과가 별로 없다는 연구 결과도 있다. 수면 부족은 감염병에 걸릴 위험성을 높일 뿐만 아니라 감염에서 회복하는 데도 오랜 시간이 걸리게 한다.

따라서 바이러스 감염 대책을 세울 때도 충분히 수면을 확보해 면역력을 높이는 것이 효과적이다.

# 수면시간이 짧을수록 발병률이 높아진다

건강한 18~55세의 남녀 164명을 대상으로
감기 바이러스를 코로 주입해 수면시간별 발병률 조사

미국 캘리포니아 대학교 샌프란시스코 캠퍼스의 Prather팀이 실시한 연구 조사(2015년)

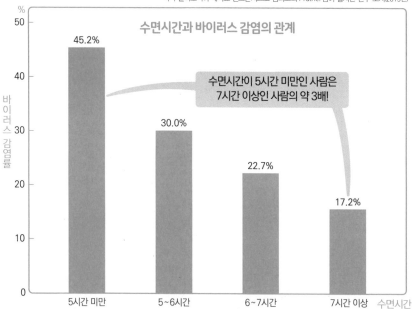

**수면시간과 바이러스 감염의 관계**

수면시간이 5시간 미만인 사람은
7시간 이상인 사람의 약 3배!

- 5시간 미만: 45.2%
- 5~6시간: 30.0%
- 6~7시간: 22.7%
- 7시간 이상: 17.2%

바이러스 감염률 (%)
수면시간

**수면이 부족하면 바이러스와 싸울 면역력이 작동하기 어려워져
감염증에 걸리기 쉽다.**

면역력을 높이려면
밤에 푹 잘 수 있게
평소 생활 습관을
개선하자!

## 02 수면이 부족하면 살이 찌기 쉬운 진짜 이유

### 호르몬 균형의 이상으로 식욕이 변한다

샌프란시스코 대학교의 연구에서 '단시간의 수면을 취하는 여성은 비만을 나타내는 BMI(체격지수)가 높다'라는 사실이 밝혀졌다 (→ 13쪽 상단 그림).

밤을 새우면 갑자기 평소 먹지 않던 음식을 먹게 된다. 이는 스탠퍼드 대학교 학생과 함께 수면 박탈 실험을 했을 때도 많이 나타난 전형적인 행동이다.

밤늦게 먹는 일이 잦아지면 비만이 되기 쉽다. 그런데 왜 잠을 안 자면 자꾸 먹게 되는 것일까? 그 이유는 깨어 있는 시간이 길어서 먹는 양이 늘어나는 것이 아니라 수면 부족으로 인해 식욕과 관련이 있는 호르몬이 영향을 받기 때문이다.

미국 위스콘신 주의 주민을 대상으로 실시한 '수면시간과 호르몬 분비의 관계' 조사를 통해 수면시간이 짧을수록 과식을 억제하는 호르몬인 렙틴이 줄어들고, 식욕을 늘리는 호르몬인 그렐린이 증가한다는 사실을 알게 되었다(→ 13쪽 하단 그림).

즉, 단시간 수면으로 호르몬의 양이 변해 식욕을 억제하지 못하게 되면서 과식을 하게 되는 것이다.

수면 부족은 낮 동안의 활동량에도 영향을 미친다. 건강과 미용을 위해서라도 낮에는 활발하게 움직이고 밤에는 충분히 잠을 자는 것이 중요하다.

## 수면시간이 짧아도, 길어도 살이 찐다

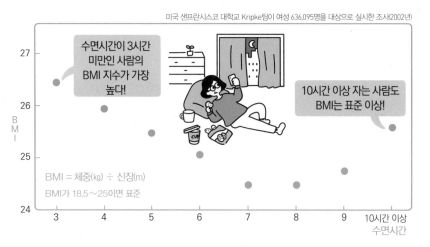

미국 샌프란시스코 대학교 Kripke팀이 여성 636,095명을 대상으로 실시한 조사(2002년)

수면시간이 3시간 미만인 사람의 BMI 지수가 가장 높다!

10시간 이상 자는 사람도 BMI는 표준 이상!

BMI = 체중(kg) ÷ 신장(m)
BMI가 18.5～25이면 표준

**수면시간이 너무 짧아도, 너무 길어도 살이 찌기 쉽다는 것을 알 수 있다.**

## 수면시간은 호르몬 양에 영향을 미친다

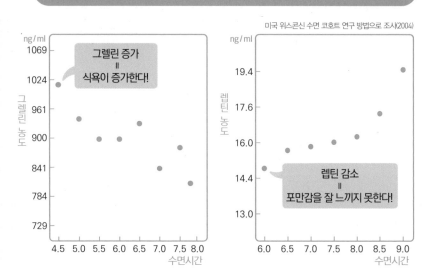

미국 위스콘신 수면 코호트 연구 방법으로 조사(2004)

그렐린 증가
＝
식욕이 증가한다!

렙틴 감소
＝
포만감을 잘 느끼지 못한다!

**수면시간이 짧을수록 아무리 먹어도 포만감을 잘 못 느끼고 식욕도 증가한다.**

**이것이 바로 밤을 새울 때 아무 생각 없이 음식을 먹게 되는 이유!**

# 03 세계에서 제일 잠을 안 자는 나라, 일본

## 도시에 사는 사람일수록 자고 싶어도 못 잔다

OECD(경제협력기구)의 통계(2018년, 조사한 해는 나라마다 다름. 일본은 2016년)에 따르면, 대부분의 나라에서는 하루 평균 수면시간이 8시간을 넘는데, 일본은 7시간 22분으로 33개국 중 워스트 1위였다.[*] 이 조사 이후 몇 년이 지난 지금, 일본인의 수면시간은 더 짧아졌다. 필자가 대표를 맡고 있는 브레인 슬립(BRAIN SLEEP) 사의 조사(2019년)에서는 6시간 40분으로, 42분이나 짧아졌다. '수면시간 6시간 미만인 사람이 40퍼센트'라는 일본 후생노동성의 보고서(2018년)도 있을 정도이다.

그 배경으로는 일본의 근무 시간과 통근 시간이 지나치게 길다는 점, 24시간 영업점이나 인터넷의 보급으로 생활이 야행성으로 바뀐 점 등을 들 수 있다.

도쿄, 뉴욕과 같은 세계 주요 도시를 대상으로 평일 '실제 수면시간'과 '이상적인 수면시간'을 질문한 조사에서도 도시에 사는 사람의 수면 상황이 잘 드러나는데(→15쪽 그림), 도쿄에는 수면시간이 6시간 미만인 사람이 많다는 것을 알 수 있다.

잠을 자지 못해 생기는 폐해는 여러 가지 관점에서 지적된다. 수면은 단순한 휴식이 아니다. 수면의 가치를 이해해 수면에 대한 의식을 향상시키도록 하자.

---

[*] 2016년 OECD 통계에 따르면, 한국인의 하루 수면시간은 7시간 41분으로, 세계 평균 수면시간인 8시간 22분보다 41분 정도 부족한 수치였다. – 역자 주

## 평균 수면시간으로 살펴보는 현실과 이상의 차이

세계 주요 도시에 사는 사람들을 대상으로 실시한
'실제 평균 수면시간'과 '이상적인 수면시간' 조사 결과

미국 스탠퍼드 대학교 Bannai팀의 연구 조사(2011년)

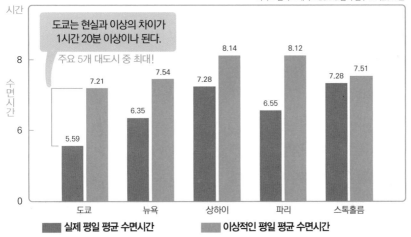

시간

수면시간

> 도쿄는 현실과 이상의 차이가
> 1시간 20분 이상이나 된다.

주요 5개 대도시 중 최대!

| | 도쿄 | 뉴욕 | 상하이 | 파리 | 스톡홀름 |
|---|---|---|---|---|---|
| 실제 평일 평균 수면시간 | 5.59 | 6.35 | 7.28 | 6.55 | 7.28 |
| 이상적인 평일 평균 수면시간 | 7.21 | 7.54 | 8.14 | 8.12 | 7.51 |

■ 실제 평일 평균 수면시간    ■ 이상적인 평일 평균 수면시간

### 도쿄 사람들은 세계 여러 도시 중 가장
더 자고 싶지만, 잠을 못 자는 **상황에 처해있다.**

## 수면 부족으로 우려되는 여러 가지 상황

● 면역력이 떨어져 감염증과 같은 질병에 걸리기 쉽다.

● 호르몬 균형이 무너져 살이 찌기 쉽다.

● 아침에 일어나기 힘들고 졸음과 피로가 가시지 않는다.

● 낮 동안의 활동량이 저하된다.

● 교통사고나 업무상 실수 등의
문제가 자주 발생한다.

세계에서 제일 잠을 안 자는 나라, 일본

## 04 '90분의 배수' 수면이 최고라고 장담할 수는 없다

수면 주기에는 개인차가 있고 컨디션에 따라서도 수면 패턴이 흐트러진다

어떻게 하면 아침에 '개운하게', '기분 좋게' 일어날 수 있을까?

수면 상태에는 비렘수면(뇌와 몸이 모두 잠든 깊은 수면)과 렘수면(뇌는 깨어 있지만 몸은 자고 있는 얕은 수면)이 있다. 깨어나기 쉬운 상태는 렘수면과 그 전후의 얕은 비렘수면이다. 한편 비렘수면일 때 잠을 깨우면 머리가 멍해지면서 개운하게 일어나지 못한다.

수면 중에는 비렘수면과 렘수면이 교대로 반복된다. 수면 주기(Sleep Cycle)의 경우, 비렘수면의 시작부터 렘수면이 끝날 때까지를 한 번(1주기)으로 계산하면 약 90분 정도가 된다.

즉, 이미 알려진 바와 같이 '90분의 배수로 잠에서 깨면 개운하다'라는 주장은 기상 시간을, 90분 주기로 나타나는 렘수면에 맞춰 두면 아침에 개운하게 일어날 수 있다는 관점이다.

그러나 수면 주기는 80~120분이라는 개인차가 있고, 건강 상태에 따라 수면 패턴이 흐트러지기도 해서 항상 90분의 배수가 1주기라고 장담할 수는 없다.

또한 아침에 일어나기 힘든 이유는 수면 부족이나 수면 장애·각성 장애(자세한 내용은 62쪽)와 같은 수면 장애로 인해 새벽에 깊은 수면이 나타나는 가능성도 고려해야 하기 때문이다.

# 렘수면 단계가 나타나는 가장 좋은 타이밍!

니시노 세이지, 『스탠퍼드식 최고의 수면법』(북라이프, 2017)을 참고하여 수정

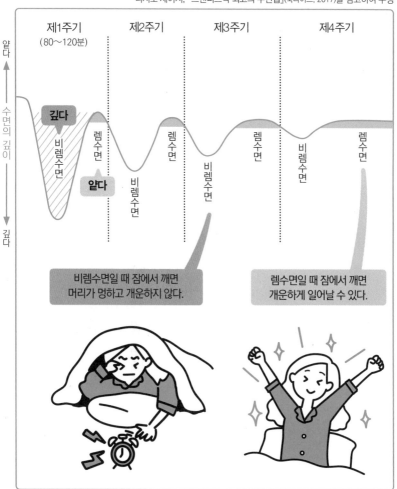

'90분의 배수' 수면이 최고라고 정답할 수는 없다

**수면 주기 1주기는 80〜120분으로, 개인차가 있다.**

**수면 주기에 맞추기보다 수면 자체를 개선하는 게
상쾌한 아침을 맞이하는 요령!**

## 05 수면 부족으로 생긴 경제 손실은 15조 엔(약 145조 원)

### 일류들은 일찍부터 수면을 의식했다

우리 주변에는 식사에 신경을 쓰거나 운동을 습관화해 컨디션을 관리하는 등 자신의 몸 관리에 관심을 갖는 사람이 많다. 운동과 습관은 물론, 세계적인 경영진이나 최고의 운동선수가 각별히 신경 쓰는 것이 바로 수면이다.

'일류'라고 불리는 사람일수록 의식 수준이 높아 여러 분야에서 최첨단 정보를 신속하게 도입하여 퍼포먼스를 향상시킨다. 마케팅 용어로 말하면, '얼리 어답터(조기 수용자)'라고 할 수 있다.

한편, 수면은 단순한 휴식일 뿐이므로 조금 덜 자도 괜찮다고 생각하는 사람도 있다. 이런 사람들은 마케팅 용어로 '래거드(느린 수용자)'라고 할 수 있다. 밤새 한숨도 못 잔 것을 자랑삼아 이야기하는 사람들은 이런 타입에 속할 것이다.

그러나 자지 않은 것은 자랑할 만한 일이 아니다. 일본에서는 '수면이 제대로 관리되지 않아서 발생하는 경제적 손실이 연간 15조 엔(한화 약 145조 원)'이라는 통계도 있다(→ 19쪽 그림). 수면 부족은 산업재해를 비롯한 사회 전체에 큰 손실을 초래한다.

수면은 일의 능률이나 일상생활의 질적인 면에도 영향을 미친다. 우선 수면을 이해하는 것부터 시작해 보자.

## 왜 수면 부족이 경제적 손실을 초래할까?

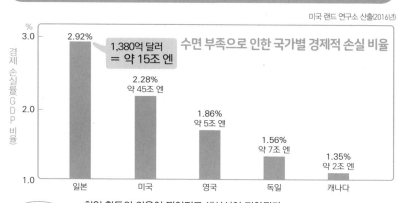

미국 랜드 연구소 산출(2016년)

수면 부족으로 인한 국가별 경제적 손실 비율

- 일본: 2.92% / 1,380억 달러 = 약 15조 엔
- 미국: 2.28% / 약 45조 엔
- 영국: 1.86% / 약 5조 엔
- 독일: 1.56% / 약 7조 엔
- 캐나다: 1.35% / 약 2조 엔

경제적 손실로 이어지는 이유
- 취업 활동의 의욕이 떨어지고 생산성이 저하된다.
- 실수나 문제가 많이 발생해 큰 사고로 이어지는 원인이 된다.
- 생활 습관병이나 정신 질환, 암, 치매와 같은 질병에 걸릴 위험성이 높아진다.

## 10시간 수면으로 스포츠 성적 UP!

스탠퍼드 대학교 남자 농구 선수 10명을 대상으로 한 실험,
40일 동안 매일 10시간 잠을 자도록 지시(잠이 안 와도 침대에 눕는다).
그러자…

미국 스탠퍼드 대학교 Mah팀의 연구 조사(2011년)

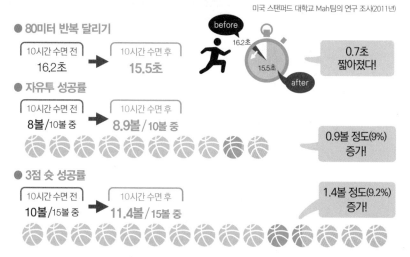

● 80미터 반복 달리기

| 10시간 수면 전 | 10시간 수면 후 |
| 16.2초 | 15.5초 |

before 16.2초 / after 15.5초 → 0.7초 짧아졌다!

● 자유투 성공률

| 10시간 수면 전 | 10시간 수면 후 |
| 8볼/10볼 중 | 8.9볼/10볼 중 |

0.9볼 정도(9%) 증가!

● 3점 슛 성공률

| 10시간 수면 전 | 10시간 수면 후 |
| 10볼/15볼 중 | 11.4볼/15볼 중 |

1.4볼 정도(9.2%) 증가!

### 퍼포먼스가 향상된 것 뿐만 아니라
### 부상자도 대폭 줄어들었다는 연구 결과도 있다!

# 06 지나친 잠도 건강에 문제를 일으킬 수 있다

## 수면은 '양'보다 '질'이 중요

수면이 계속 부족하면 암이나 생활 습관병에 걸릴 위험성이 높아지고, 업무 능률이나 생활의 활동력을 저하시킨다는 것은 이미 많은 연구를 통해 밝혀졌다.

그렇다면 평균보다 많이 잘 경우는 어떨까? 수면시간이 짧은 것은 문제라고 생각하기 쉽지만, 사실 긴 수면도 건강에 문제를 일으킬 수 있다.

2002년에 샌프란시스코 대학교 다니엘 F. 크립케(Daniel F. Kripke)팀이 100만 명을 대상으로 실시한 조사에서 미국인의 평균 수면시간은 7.5시간이었다. 그리고 6년 후 동일한 100만 명을 추적, 조사한 결과, 병으로 사망한 사람 수가 가장 적었던 것은 평균 7.5시간 잠을 잔 사람들이었다.

단시간 수면(3~4시간)한 사람만이 아니라, 긴 시간 수면(9~10시간)한 사람도 사망률이 1.3배 정도나 높았다(→ 21쪽 그림).

수면시간이 너무 길면 생체시계의 리듬이 흐트러져서 오히려 쉽게 피곤해지고 두통이 생기는 등 컨디션이 무너지기 쉽다. 특히 하룻밤에 9시간 이상 자는 사람은 활동량의 저하를 초래해 결과적으로 비만이나 뇌졸중, 심장병에 걸릴 위험이 높아진다는 연구 결과도 있다. 수면은 양보다 질을 높이는 것이 중요하다.

# 수면시간은 너무 짧아도, 너무 길어도 좋지 않다!

## 수면시간 7시간을 1로 했을 때 상대적 사망 위험률

미국 샌프란시스코 대학교 Kripke팀이 100만 명을 대상으로 실시한 연구 조사(2002년)

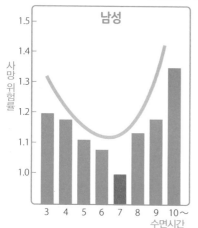

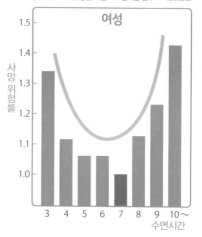

## 수면시간은 짧아도, 길어도 건강을 해칠 위험성이 높아진다!

## 뇌졸중이 될 위험성을 높이는 '과면증'인 사람들

중국 화중과기 대학교 Zhou팀이 약 31,750명을 대상으로 실시한 연구 조사(2019년)

**1** 한밤중의 수면시간

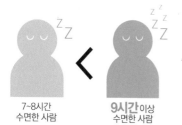

7~8시간
수면한 사람

**9시간** 이상
수면한 사람

뇌졸중이 될 위험률이 **23%**나 높다!

**2** 낮잠 시간

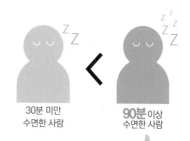

30분 미만
수면한 사람

**90분** 이상
수면한 사람

뇌졸중이 될 위험률이 **25%**나 높다!

## 긴 시간 수면은 뇌졸중의 위험성을 증가시킨다!

지나친 잠도 건강에 문제를 일으킬 수 있다

## 07 아무리 연습해도 쇼트 슬리퍼는 될 수 없다

**'쇼트 슬리퍼'는 유전자로 결정되는 특이체질**

드물긴 하지만, 잠을 적게 자도 건강에 아무런 이상이 없고 생활에도 전혀 지장이 없는 사람이 있다. 이런 사람을 일반적으로 '쇼트 슬리퍼 (Short Sleeper)'라고 한다.

나폴레옹이나 에디슨이 하루에 3~4시간의 잠을 잤다는 일화는 유명하다. 현대에도 저명한 사업가나 정치가, 연예인 중에 단시간 수면만으로 활약하는 사람이 많다. 그러다 보니 '쇼트 슬리퍼=성공한 사람'이라는 이미지가 강해져서 이를 동경하는 사람도 많다. 그러나 쇼트 슬리퍼는 연습한다고 해서 익숙해지는 것이 아니다.

스탠퍼드 대학교에서는 6시간 미만의 수면으로도 건강을 유지하는 직계가족에 주목해 그들의 '시계 유전자'에 변이가 있다는 사실을 규명했다. 더욱이 이와 동일한 유전자를 가진 실험용 쥐를 만들어 조사한 결과, '쇼트 슬리퍼는 유전자로 결정되고, 태생적인 특이체질'이라는 점이 밝혀졌다.

이런 종류의 유전자를 가진 사람은 전체의 1퍼센트 미만 정도라고 한다. 유전적인 쇼트 슬리퍼는 매우 드문 존재인 것이다.

한편, 상대성 이론으로 유명한 아인슈타인은 10시간 이상 잠을 자는 롱 슬리퍼(Long Sleeper)로, 이런 종류의 사람은 전체의 3~9퍼센트이다. 성공한 사람과 수면시간은 아무런 관계가 없어 보인다.

## '쇼트 슬리퍼 = 성공한 사람'이라고 단정할 수 없다

### 쇼트 슬리퍼

나폴레옹

에디슨

### 롱 슬리퍼

아인슈타인

**전체의 1% 미만**

수면시간이 4시간 미만인 경우

**전체의 3~9%**

수면시간이 8시간 이상인 경우

쇼트 슬리퍼는 돌연변이 시계 유전자를 가지고 있다.

평범한 사람들은 이런 생활 리듬을 흉내 내지 못한다!

### 쇼트 슬리퍼의 특징

- 수면 부족(7시간 이하의 수면)으로 인해 면역력이 떨어지거나
  질병에 걸릴 위험이 커진다고 할 수 없다!
- 낙관적이고 에너지가 넘치고 멀티태스킹의 경향이 강하다.
- 통증에 강하고 시차에 별로 영향을 받지 않는다.

아무리 연습해도 쇼트 슬리퍼는 될 수 없다

## 08 수면 부족은 밀린 잠으로 해소되지 않는다

**이미 쌓인 '수면 부채'는 휴일에 밀린 잠으로도 갚을 수 없다**

수면 전문가 사이에서는 수면 부족이 쌓여 만성화된 상태를 '수면 부채(Sleep Debt)'라는 말로 표현한다. '부채'라는 표현에는 자신도 모르는 사이에 늘어난 부정적인 느낌이 있다.

수면 부채가 쌓이면 뇌와 몸의 건강을 위협하는 위험인자가 축적될 뿐만 아니라 자고 싶은 욕구인 수면 압력(Sleep Pressure)이 강해진다.

평일의 수면 부족을 '휴일에 밀린 잠으로 해소한다'라는 사람도 있지만, 이는 이미 쌓일 대로 쌓인 부채의 아주 일부만 변제하는 것일 뿐이다. 즉, 자각은 없지만 수면 부채를 껴안은 채 생활한다고 생각하면 된다.

평소 평균 7.5시간 수면을 하는 건강한 사람을 대상으로 매일 14시간 동안 침대에 들어가 실컷 잠을 자게 한 결과, 3주 후 평균 수면시간이 8.2시간으로 고정되었다. 그 결과, 하루에 40분의 수면 부채를 안고 있다는 것이 밝혀졌고, 매일 쌓이는 수면 부채를 청산하려면 3주가 걸린다는 것도 밝혀졌다.

더욱이 마음껏 잠을 자도 된다고 허용해도 몸이 필요로 하는 수면시간 이상은 잠을 자지 못했다. 즉, '수면 저축'은 불가능한 것이다(→ 25쪽 그림).

휴일에 밀린 잠을 몰아서 잔다고 해도 평소의 수면 부채를 완전히 해소할 수도 없고 수면을 저축할 수도 없다.

## 수면 부채를 해소하려면 3주나 걸린다?!

피험자 8명이 매일 14시간 동안 침대에서 보내면서 실컷 잠을 자게 하는 실험을 시행

니시노 세이지 『스탠퍼드식 최고의 수면법』(북라이프, 2017)을 참고하여 수정

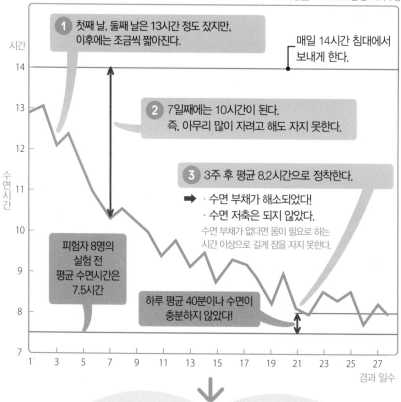

**1** 첫째 날, 둘째 날은 13시간 정도 잤지만, 이후에는 조금씩 짧아진다.

매일 14시간 침대에서 보내게 한다.

**2** 7일째에는 10시간이 된다. 즉, 아무리 많이 자려고 해도 자지 못한다.

**3** 3주 후 평균 8.2시간으로 정착한다.

➡ · 수면 부채가 해소되었다!
 · 수면 저축은 되지 않았다.

수면 부채가 없다면 몸이 필요로 하는 시간 이상으로 길게 잠을 자지 못한다.

피험자 8명의 실험 전 평균 수면시간은 7.5시간

하루 평균 40분이나 수면이 충분하지 않았다!

시간

14
13
12
11
10
9
8
7

수면시간

1 3 5 7 9 11 13 15 17 19 21 23 25 27

경과 일수

### 피험자 8명에게 가장 적합한 수면시간을 조사한 결과

● 평균 8.2시간을 자면 수면 부채는 쌓이지 않는다.

● 하루 평균 40분의 수면 부채가 해소될 때까지 3주 걸렸다.

● 수면 저축은 불가능하다.

수면부채

수면 부족은 얕은 잠으로 해소되지 않는다

## 09 졸음 운전은 음주 운전보다 위험!

**자신도 모르는 사이에 밀려오는 '순간적인 잠'이 있다!**

수면 부채를 안고 있는 상태에서의 운전은 알코올이나 약물 섭취 후의 운전과 마찬가지로 위험하다.

수면 부채를 안고 있을 때 판단력이나 업무 능률이 떨어진다는 것은 지금까지의 다양한 연구에서 밝혀졌다. 언뜻 보면 행동이 이상해 보이지도 않고, 본인도 자각하지 못하지만, 오히려 음주운전보다 위험할 수 있다.

미국 학회지 「Sleep」에 야간 근무가 있는 진료과(내과 등) 의사와 야간 근무가 없는 진료과(방사선과 등) 의사 20명을 대상으로 낮의 각성 상태를 비교한 조사 결과가 발표되었다.

이 조사 결과, 야간 근무 다음 날 의사는 본인도 의식하지 못할 정도로 마이크로 수면(Microsleep)이 있다는 것을 알게 되었다. 마이크로 수면은 뇌파에서 읽지 못하는 수면 상태로, 1초도 되지 않는 순간적인 잠도 있지만, 10초 정도 이어지는 잠도 있다.

야근 다음 날 의사에게 나타나는 마이크로 수면의 경우, 길게는 4초 정도로 나타난다. 하지만 대부분은 아주 순간적으로 짧은 잠이라서 본인도 모르고 지나치는 경우가 많다. 이것이 바로 마이크로 수면의 위험성이다.

예를 들어 시속 60킬로미터로 차를 운전한다면 4초간 잠든 사이에 약 70미터나 이동하게 된다. 따라서 잠이 부족한 날에는 절대로 운전을 해서는 안 된다!

## 본인도 모르는 사이의 잠이 드는 마이크로 수면의 위험성

태블릿 화면에 둥근 도형이 랜덤으로 나타난다.
도형이 나올 때마다 터치한다. 이 동작을 약 5분(약 90회) 동안 지속한다.

누구나 할 수 있는 단순 작업이라
지루해서 자꾸 졸음이 오네.

결 과

캐나다 웨스턴온타리오 대학교 Saxena팀의 조사(2005년)

● **야간 근무하지 않은 의사**
정확하게 반응하고,
마지막까지 작업을 이어갈 수 있었다.

● **야간 근무 다음 날의 의사**
약 90회 중에서 3~4번,
4초 정도나 반응이 없었다.

깜빡 졸았던 것이다!

**야간 근무 다음 날의 의사는 4초 정도 반응이 없기도!
겨우 깨어 있던 뇌가 더는 못 참겠다고 소리치는 것이나 마찬가지!**

졸음 운전은 음주 운전보다 위험!

# 10 오후에 쏟아지는 졸음은 점심을 걸러도 없앨 수 없다

## 점심을 걸렀는데도 졸린 적이 있다

점심을 먹은 후에 몸이 나른해지면서 잠이 쏟아지는 잠을 '식곤증'이라고 한다.

배가 부르면 혈액이 소화기관으로 몰리면서 뇌로 가는 혈액량이 감소하기 때문에 뇌의 활동이 둔해져 졸음이 온다는 말을 들은 적이 있을 것이다. 하지만 뇌로 가는 혈액은 언제나 먼저 확보되기 때문에 이 이야기는 정확하지 않다. 배가 부르면 나른해지곤 하는데, 점심을 거른 날에도 졸음이 쏟아질 때가 있다.

즉, 오후의 졸음은 식사로 인해 생기는 영향이 아니라 생체시계(생체리듬)(→ 29쪽 그림)의 영향이라고 생각하는 게 자연스럽다. 생체시계 중하나인 일주기 생체리듬(Circadian Rhythm)을 보면 낮 활동 시간의 정중앙에 해당하는 14~16시에 졸음이 강하게 쏟아지는 것을 알 수 있다. 원래 생체시계의 구조상 점심에는 졸리게 되어 있는 것이다.

그렇다면 식곤증은 어떻게 쫓아내야 할까? 가장 효과적인 방법은 매일 수면시간을 조금씩 늘리는 것이다.

증상 치료에는 점심을 잘 씹어서 먹거나 껌을 씹거나 하는 것 등이 있다. 씹기는 뇌를 각성시키는 작용을 하므로 효과가 있다. 커피 등 카페인이 들어간 음료를 마시는 것도 좋다. 하지만 증상 치료도 효과가 없을 정도로 강한 졸음이 몰려올 때는 잠깐 잠을 자도 괜찮다(→ 120쪽).

## 점심시간의 졸음은 생체시계 때문이다

이스라엘 예루살렘 공학 대학교 Lavie팀의 연구 보고(1986년)

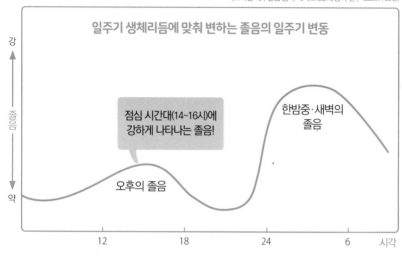

**일주기 생체리듬에 맞춰 변하는 졸음의 일주기 변동**

강
졸음
약

점심 시간대(14~16시)에 강하게 나타나는 졸음!

한밤중·새벽의 졸음

오후의 졸음

12    18    24    6    시각

29

**생체시계 = 생체리듬**

**일주기 생체리듬 = 24시간 주기리듬**

일주기 생체리듬은 생체시계(생체리듬) 중 지구의 자전에 맞춘 약 24시간 주기를 말한다. 일주기 생체리듬은 생체시계로 조절되고 수면이나 각성 타이밍을 결정하는 중요한 시스템이다.

➡ 자세한 설명은 56쪽

### 식곤증을 퇴치하려면?

● 매일 수면시간을 조금씩 늘린다.
● 점심을 많이 먹지 않는다.
● 잘 씹어서 먹는다.
● 카페인이 들어간 음료를 마신다.

오후에 쏟아지는 졸음은 점심을 걸러도 없앨 수 없다

# 11 불면증이지만 사실은 잘 자고 있다?!

**불면증인 사람은 잠을 못 자는 시간이 길다고 착각하기 쉽다**

잠이 들 때까지 걸리는 시간을 '수면잠재기(Sleep Onset Latency)'라고 한다. 사람은 어느 정도 잠을 못 자면 불면증이라고 느낄까?

젊었을 때는 1~2분 정도면 바로 곯아떨어지기도 하고, 나이가 들수록 시간이 좀 더 걸리는 경우가 많은데, 5~15분 정도가 가장 자연스러운 수면잠재기이다.

불을 끄고 10분 이상 잠을 자지 못하면 불면증으로 느끼기 시작하고, 30분 정도 계속되면 잠이 안 와서 짜증이 나기 시작한다. 잠이 안 올 때 안 오는 잠을 너무 의식하면 그게 오히려 스트레스가 되어 잠이 더 안 오기도 한다. 가장 좋은 대처 방법은 억지로 잠을 자려고 애쓰지 않는 것이다.

더욱이 잠이 안 온다고 느끼는 시간은 본인의 체감과 실제 길이에 차이가 있다. 특히, 불면증으로 고민하는 사람은 잠이 들 때까지 걸리는 시간을 실제보다 길게 느낀다고 한다.

스탠퍼드 대학교 연구팀에서 젊고 건강한 사람 10명과 불면증이 있다고 자각하는 55세 이상 20명을 모아 각각의 수면잠재기를 측정한 결과, 전자는 평균 7~9분, 후자는 평균 7분 정도로 오히려 중·장년층이 더 짧았다.

잠이 안 온다고 느끼는 사람도 실제로는 생각보다 빨리 잠든 사례가 많은 것이다.

## 불면증과 수면잠재기는 일치하지 않는다?!

건강한 젊은층과 불면증을 느끼는 중·장년층의 수면잠재기를 측정해 보니….

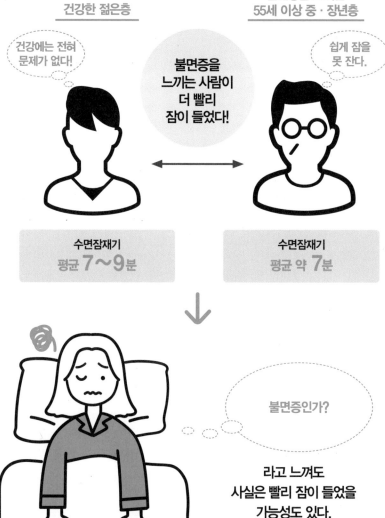

미국 스탠퍼드 대학교 Chiba팀의 연구 조사(2018년)

__건강한 젊은층__

__불면증을 느끼는
55세 이상 중·장년층__

건강에는 전혀
문제가 없다!

불면증을
느끼는 사람이
더 빨리
잠이 들었다!

쉽게 잠을
못 잔다.

수면잠재기
평균 7~9분

수면잠재기
평균 약 7분

불면증인가?

라고 느껴도
사실은 빨리 잠이 들었을
가능성도 있다.
지나치게 신경을 쓰는 것일지도….

불면증이지만 사실은 잘 자고 있다?!

## 12 시차 증후군은 하루 한 시간밖에 조정되지 않는다

시차 증후군은 인간이 비행기로 이동하게 되면서 생긴 현상이다.

수면은 체온 변화와 밀접한 관계가 있다. 체온은 일주기 생체리듬으로 변하는데, 체온이 떨어지면 졸음이 오고, 체온이 올라가면 각성한다.

시간대를 넘어서 이동하면 몸이 원래 있던 장소의 안정된 리듬을 유지하려고 하다 보니 이동한 지역의 시간과 생체시간의 차이가 생긴다. 그러면 밤이 되어도 체온이 높아 잠을 자지 못하고 머리가 멍해지는 등 컨디션이 나빠진다. 이것이 바로 '시차 증후군'이다.

생체시간은 결국 현지 시간에 맞춰진다. 하지만 하루에 한 시간씩밖에 회복되지 않는다. 예를 들어, 시차가 7시간이나 되는 장소로 이동하면 현지 시간에 맞춰질 때까지 7일이 걸린다. 단기 여행이나 출장이라면 현지 체재 중에 계속 시차 증후군을 겪을 수도 있다.

시차 증후군을 조금이라도 빨리 해결하는 데 효과적인 방법은 아침 햇빛을 받는 것과 아침 식사를 제대로 챙겨 먹는 것이다. 하루의 시작을 몸이 기억하게 만들어서 일주기 생체리듬이 리셋되면 현지 시간에 맞추기 쉬워진다.

하지만 시차 증후군은 이런 방법으로도 바로 회복되지는 않는다. 단기 체재의 경우에는 시차에 신경 쓰지 말고 중요한 일정에 맞춰 휴식을 취하고 짧은 잠으로 컨디션을 조절하는 것이 시간을 알차게 보내는 방법이다.

## 단기 해외 출장일 때 시차 증후군 대처법

평소 밤 11시에 자고 아침 7시에 일어나는 사람이
서울에서 샌프란시스코로 출장을 갔을 경우

**대책법**

> 서울 – 샌프란시스코의 시차는 + 17시간
> 이 시차는 24시간을 기준으로 맞추기 쉬운 쪽으로 밀리거나 당겨지기 때문에
> 실제로는 − 7시간 조정
> 단, 뒤로 밀리는 것보다 앞으로 당기는 것이 더 어렵고 시간도 더 걸린다.
>
> ▼
>
> 시차 증후군을 억지로 해결하려고 애쓰기보다 중요한 일정에 맞춰
> 잠을 자 둔다.

**현지 일정**

❶ 현지 시간 첫째 날 19:00 **저녁 식사 모임**
❷ 현지 시간 둘째 날 11:00 **답사**
❸ 현지 시간 둘째 날 15:00 **회의**

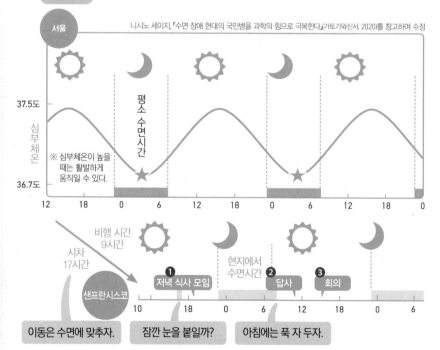

니시노 세이지, 『수면 장애 현대의 국민병을 과학의 힘으로 극복한다』(가토가와신서, 2020)를 참고하여 수정

서울

37.5도

심부체온

36.7도

※ 심부체온이 높을
때는 활발하게
움직일 수 있다.

평소 수면시간

12  18  0  6  12  18  0  6  12  18  0

비행 시간 9시간

시차 17시간

샌프란시스코

이동은 수면에 맞추자.

잠깐 눈을 붙일까?

아침에는 푹 자 두자.

❶ 저녁 식사 모임

현지에서 수면시간

❷ 답사

❸ 회의

10  18  0  6  12  18  0  6

시차 증후군은 하루 한 시간밖에 조정되지 않는다

★의 시간대는 심부체온이 낮고 졸음이 오기 쉽다.
짧은 잠으로 수면욕(자고 싶은 욕구)을 낮추면,
일정을 잘 소화할 수 있을 정도의 컨디션을 유지할 수 있다!

# 13 '아침형 인간', '저녁형 인간'이 때로는 바뀌기도 한다

**유전적인 요인이 크지만 환경적인 영향도 있다**

아침에 활동적인 '아침형 인간'과 밤에 더 활동적인 '저녁형 인간'의 비율은 부드러운 능선과 같은 모양의 정규분포이다(→35쪽 그림). 반 정도는 어느 쪽도 아니고 아침형과 저녁형이 20%씩, 극단적인 타입이 5%씩 분포돼 있다.

하루의 체온 변화를 비교해 보면, 아침형인지 저녁형인지 알 수 있다. 평균보다 앞 시간대이면 아침형 인간, 뒤 시간대이면 저녁형 인간인데, 그 차이는 겨우 2~3시간 정도밖에 안 된다.

아침형 인간은 아침 일찍부터 체온이 상승하기 때문에 각성 준비가 빨리 끝나 잠에서 깨자마자 바로 활동할 수 있다. 그리고 밤이 되면 체온이 급격하게 떨어지기 때문에 잠들기 쉽고, 잠이 들 때까지의 시간이 짧은 것이 특징이다.

한편, 저녁형 인간은 저녁때부터 밤까지 체온이 높은 상태가 이어지기 때문에 밤늦게까지 활동적으로 보낼 수 있다. 그러다가 평균보다 늦은 시간대에 체온이 떨어지기 시작해 동틀 무렵에 가장 낮아진다. 아침의 체온 상승도 느리고 각성 레벨이 상승하는 속도도 더뎌 점심이 지날 때까지 정신이 맑지 않고 몸도 나른하다.

극단적인 아침형 인간, 저녁형 인간은 유전으로 결정되는 경우가 대부분이라고 하지만 유전만이 아닌 나이, 생활 습관 등의 영향도 받기 때문에 아침형, 저녁형이 바뀌기도 한다. 그러나 다른 유형으로 바꾸는 것은 유전적 요인에 역행하는 것이므로 별로 권장하지 않는다.

## 극단적인 아침형·저녁형 인간은 각각 5%씩

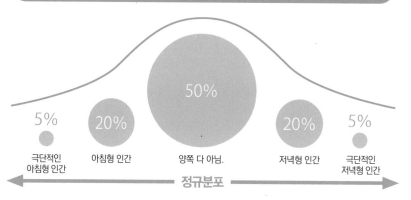

**아침형·저녁형 어느 쪽도 아닌 사람은 절반 정도**
**아침형이거나 저녁형의 극단적인 사람은 소수**

35

## 체온의 리듬으로 아침형 인간·저녁형 인간이 결정된다!

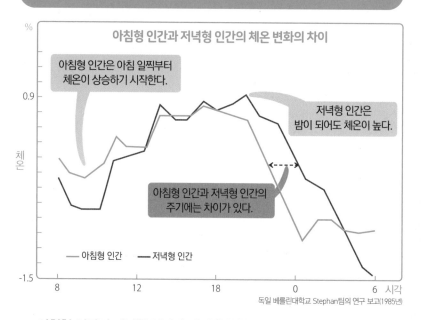

독일 베를린대학교 Stephan팀의 연구 보고(1985년)

**아침형 인간이 저녁형 인간에 비해 충분한 수면시간을 확보하기 쉬워**
**건강하고 병에 잘 걸리지 않는다는 연구도 있다.**

'아침형 인간', '저녁형 인간'이 때로는 바뀌기도 한다

# 14 일어나고 싶은 시간에 일어날 수 있다?!

## 시간을 의식하고 자면 그 시간에 일어날 수 있다

여러분은 매일 아침에 어떤 방법으로 일어나는가? 알람? 누군가 깨워줘서? 각자 자신만의 기상 방법이 있을 것이다.

그중에는 알람과 같은 외부 자극에 의존하지 않고 정해진 시간에 자연스럽게 일어나는 사람도 있을 것이다. 이와 같은 기상 방법을 '자기 각성'이라고 한다. 가뿐하게 일어날 수 있는 데다 낮 동안의 각성도와 업무 능률도 높다.

다음날 기상 시간을 의식하고 자면 각성에 꼭 필요한 코르티솔의 분비가 기상 시간 약 1시간 전부터 조금씩 상승한다는 연구결과가 있다. 자세한 메커니즘은 밝혀지지 않았지만, 수면 중에 기상 시각을 의식하면 그 시각에 코르티솔의 분비가 높아지는 것이다.

코르티솔은 새벽이 될수록 조금씩 분비가 증가하다가 잠에서 깨면 바로 활동할 수 있는 몸 상태를 만들어 주는 호르몬이다. 코르티솔의 분비는 생체시계로 조절된다.

생체시계는 수면 중에도 시간의 경과를 파악하고 있다. 즉, 자기 각성은 태어날 때부터 가지고 있는 자연의 힘이라고 할 수 있다.

기상 시각을 의식하지 않으면 깨어나기 전에 증가해야 할 코르티솔의 분비량에 변화가 생기지 않는다. 일어나고 싶은 구체적인 시간을 강하게 의식하는 방법이 중요한 열쇠이다.

# 조건에 따라 호르몬의 분비량이 달라진다!

'매일 아침 9시에 일어난다'라는 조건을 주고 실험한 피험자를
3개의 그룹으로 나눠 수면과 기상을 하게 했다.

**❶ 자기 각성 조건**

평소보다 이른
6시에 깨운다고 말하고
6시에 깨운다.

**❷ 서프라이즈 조건**

평소대로
9시에 깨운다고 말하고
6시에 깨운다.

**❸ 보통 조건**

평소대로
9시에 깨운다고 말하고
9시에 깨운다.

수면 중에 부신피질자극 호르몬(코르티솔의 분비를 촉진하는 호르몬)의 분비량을 조사해 본 결과

벨기에 브뤼셀 자유대학교 Späth-Schwalbe팀의 연구 조사(1992년)

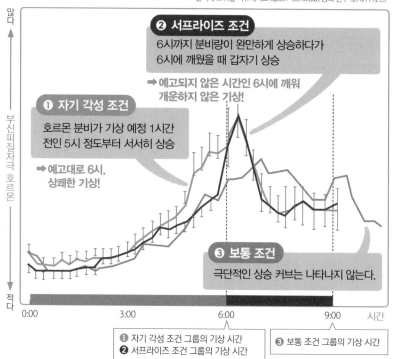

**❷ 서프라이즈 조건**
6시까지 분비량이 완만하게 상승하다가
6시에 깨웠을 때 갑자기 상승
➡ 예고되지 않은 시간인 6시에 깨워
개운하지 않은 기상!

**❶ 자기 각성 조건**
호르몬 분비가 기상 예정 1시간
전인 5시 정도부터 서서히 상승
➡ 예고대로 6시,
상쾌한 기상!

**❸ 보통 조건**
극단적인 상승 커브는 나타나지 않는다.

❶ 자기 각성 조건 그룹의 기상 시간
❷ 서프라이즈 조건 그룹의 기상 시간
❸ 보통 조건 그룹의 기상 시간

많다 ← 부신피질자극 호르몬 → 적다

0:00   3:00   6:00   9:00   시간

## 다음날 일어나고 싶은 시간이 있으면,
## 그 기상 시간을 강하게 의식하고 잠을 자자!

# 곰이 동면하므로 사람도 동면할 수 있다고?!

동면은 오랫동안 하나의 수면 모델로 알려져 있었다. 그런데 1990년대에 스탠퍼드 대학교에서 다람쥐를 관찰한 결과, 동면 기간이 길수록 마치 밤을 새운 것처럼 수면욕이 높아지고 동면 후에는 길고 깊은 잠에 빠진다는 것을 알 수 있었다. 즉, 동면은 수면과는 전혀 다른 '대사·각성 상태'라는 것이 규명된 것이다.

하지만 동면의 메커니즘은 오랫동안 충분히 밝혀지지 않았다. 원래 인간은 기온의 높낮이와 상관없이 37도 전후의 체온을 일정하게 유지할 수 있어 잠을 자는 동안에도 에너지를 사용한다.

한편, 곰과 같은 일부 포유 동물은 겨울처럼 먹이를 충분히 구하지 못할 때 체온을 떨어뜨려 대사율이 낮은 상태로 만드는 '동면'이라는 구조를 가지고 있다. 이와 같은 구조 덕분에 적은 에너지로 3~4개월이라는 긴 기간을 생존할 수 있는 것이다.

쓰쿠바 대학교와 이화학 연구소의 실험용 쥐를 통한 최신 연구에서 뇌의 시상 하부에 있는 신경세포군(Q 신경)을 자극하자, 체온과 대사가 며칠에 걸쳐 떨어지는 동면에 가까운 상태가 된다는 사실을 밝혀냈다. 실험용 쥐는 외부 상황에 따라 자발적으로 '휴면'이라는, 대사율이 낮은 상태를 동반하는 행동의 둔감 현상을 보인다. 그래서 Q 신경의 자극으로 실험용 쥐의 동면 상태를 유도할 수 있는 것이다.

그렇다면 인간의 경우는 어떨까? 발굴된 옛날 뼈의 성장 상황을 통해 사람도 먼 옛날에는 동면했을지도 모른다고도 한다(뼈 성장 휴지 상태 확인). 만약, 현재 사람도 동면이 가능하다면 왕복으로 약 400일이나 걸리는 화성에 가고자 하는 우주 여행가에게는 기쁜 소식일 것이다. 일반인의 우주 여행이 가능한 시대도 그리 멀지 않은지도 모른다.

글 · 니시노 세이지

# 제 2 장

## 지금까지 밝혀진
## 수면 과학의 메커니즘

## 15 수면의 놀라운 힘 ❶
# 뇌를 쉬게 하면서 몸을 점검하고 관리한다!

### 깊은 비렘수면은 뇌의 휴식시간이다

질 좋은 수면을 확보하기 위해서는 1장에서 소개한 내용과 같은 수면의 올바른 지식을 공부해 습관으로 만드는 것이 중요하다.

도대체 인간은 왜 잠을 자는 것일까?

실험용 쥐를 대상으로 실시한 수면 박탈 실험 결과, 일주일이 지나자 털이 빠지고 체온이 떨어지더니 결국 감염 증상을 일으키며 죽었다. 인간의 경우에는 바로 죽지는 않지만, 충분히 잠을 자지 못하면 판단력이 떨어지고 컨디션도 나빠진다.

수면은 건강한 삶을 위해 꼭 필요한 것이다. 특히, 수면은 막중한 업무(역할)를 5개나 맡고 있다.

① 뇌를 확실히 쉬게 하고 몸을 유지 보수한다.
② 자율신경과 호르몬의 균형을 맞춘다.
③ 기억을 정리하여 정착시킨다.
④ 면역력을 높여 저항력을 향상시킨다.
⑤ 뇌의 노폐물을 제거한다.

우선 ①에 대해 살펴보면, 과거에는 '수면 = 단순한 휴식'이라고 생각했다. 그러나 뇌 활동이 활발한 렘수면이 있다는 사실이 밝혀지고 나서는 잠을 자는 동안에도 완전히 전원을 끈 상태가 아닌, 뭔가 자극이 있으면 바로 기동하는 아이들링 모드(Idling Mode)가 있다고 생각하게 되었다. 뇌는 깊은 비렘수면일 때만 쉬는 것이다(→ 41쪽 그림).

## 깊은 비렘수면은 뇌를 쉬게 하는 시간

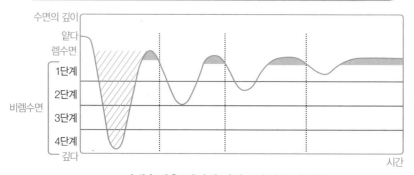

비렘수면은 깊이에 따라 4단계로 나뉜다.

단계마다 뇌파도 변한다!

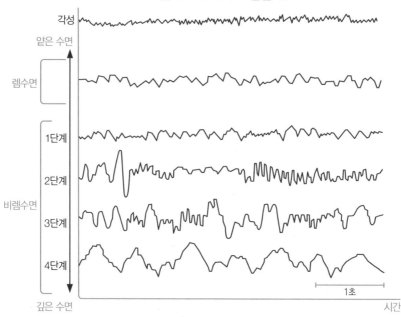

비렘수면이 깊어질수록 뇌파의 진폭은 천천히 커진다.
렘수면일 때의 뇌파는 각성 때의 뇌파에 가깝고 활발하게 활동한다.
뇌를 푹 쉬게 하려면 더욱 깊은 비렘수면이 필요!

# 16 자율신경과 호르몬의 균형을 조절한다!

## 잠이 자율신경을 휴식 모드로 전환한다!

자율신경은 24시간 동안 쉬지 않고 심장을 비롯한 내장의 기능이나 체온, 대사 등을 조절한다. 자율신경에는 교감신경과 부교감신경이 있으며, 시간대나 활동 상황에 따라 한쪽이 30% 정도 더 활성화된다. 교감신경이 활성화되면 혈압이 올라가고 근육이나 심장의 기능도 활발해져 뇌와 몸이 흥분 상태가 된다. 한편, 부교감신경이 활성화되면 혈압이 낮아지고 심장 박동이나 호흡이 안정 상태가 된다.

건강한 상태라면 낮에는 활동 모드인 교감신경이 활성화되고, 식사 후나 수면 중에는 휴식 모드인 부교감신경으로 자연스럽게 전환된다. 하지만 현대인의 라이프스타일은 긴장이나 스트레스 때문에 교감신경이 활성화된 상태가 지속되는 경우가 많아 뇌와 몸이 쉽게 피곤해진다.

수면은 활발한 상태의 교감신경을 안정화하고 부교감신경을 활성화하는 역할을 한다. 따라서 이 기능을 현명하게 활용하는 것이 좋다.

수면은 호르몬과도 밀접한 관계가 있다. 대사나 몸의 성장을 촉진하는 성장호르몬(Growth Hormone)은 입면 직후 깊은 비렘수면에서 분비량이 많아진다(→ 43쪽 그림). 생식이나 모성 행동과 관련 있는 프로락틴은 입면 직후부터 분비되기 시작해 수면 후반에 증가한다. 올바른 수면이 올바른 호르몬 균형을 유지하게 해 준다.

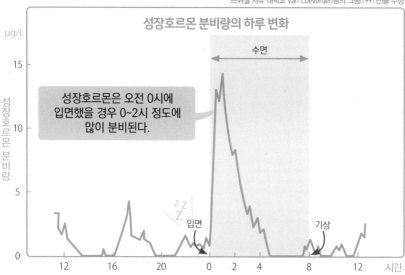

## 성장호르몬 분비는 처음 비렘수면이 열쇠!

브뤼셀 자유 대학교 Van Coevorden팀의 그림(1991년)을 수정

성장호르몬 분비량의 하루 변화

성장호르몬은 오전 0시에 입면했을 경우 0~2시 정도에 많이 분비된다.

수면

입면

기상

**성장호르몬은 비렘수면인** 제1주기에 70~80%**가 분비된다.**
**성장호르몬의 분비량은** 시간대가 아닌 수면**에 따라 변한다.**

**첫 비렘수면의 질을 올리면, 성장호르몬이 더 잘 분비된다!**
**잠드는 시간을 일정하게 만드는 게 포인트!**

### 성장호르몬이 결핍되면….

● 콜레스테롤이 증가한다.
● 뼈가 약해져 골절되기 쉬워진다.
● 근육량이 줄어든다.
● 체력이 떨어진다.
● 피부가 거칠어진다.
　　　등 건강에 문제를 일으킬 수 있다.

지금까지 밝혀진 수면 과학의 메커니즘

## 17 수면의 놀라운 힘 ③
# 기억을 정리하고 저장한다!

깊은 비렘수면과 렘수면이 안 좋은 기억을 지워 준다

뇌에는 매일 방대한 양의 정보가 들어온다. 전부 기억하는 일은 불가능하기 때문에 기억해 둘 것과 잊어버릴 것을 구별해 필요하다고 판단한 정보만 기억으로 남겨 둔다.

기억에는 여러 과정이 있고, 모든 수면 단계가 기억을 저장하거나 제거하는 데 관련된다.

새로운 기억은 뇌의 '해마'라는 부분으로 들어와 정리되고 저장된다. 해마에 저장된 정보가 대뇌피질로 전달되는 것은 잠이 들기 시작한 깊은 비렘수면 단계이다. 자전거를 타는 방법이나 운동 기술의 습득처럼 몸으로 기억하는 '절차 기억(Procedural Memory)'은 얕은 비렘수면 단계에서 저장된다.

한편, 렘수면 중에는 경험한 일을 과거 기억과 관련짓거나 언제든지 다시 기억해 낼 수 있도록 연결하면서 기억을 정리한다.

또한 부정적인 감정에 사로잡히지 않기 위해서라도 잊어버리는 일은 중요하다. 기억이 제거되는 것도 초반의 깊은 비렘수면 단계로 알려져 있는데, 최근 연구에서는 렘수면도 영향을 미친다고 밝혀졌다(→ 45쪽 상단 그림).

이처럼 기억의 정리와 정착에는 수면의 모든 단계가 필요하다. 특히 시험공부나 운동 연습 후에는 충분한 수면으로 뇌의 기억 기능이 제대로 작동할 수 있도록 도와주자.

## 잠의 깊이에 따라 기억되는 것이 달라진다!

니시노 세이지, 『스탠퍼드식 최고의 수면법』(북라이프, 2017)을 참고하여 내용 수정

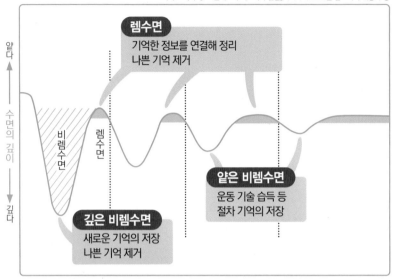

**렘수면**
기억한 정보를 연결해 정리
나쁜 기억 제거

**얕은 비렘수면**
운동 기술 습득 등
절차 기억의 저장

**깊은 비렘수면**
새로운 기억의 저장
나쁜 기억 제거

얕다 ← 수면의 깊이 → 깊다

비렘수면
렘수면

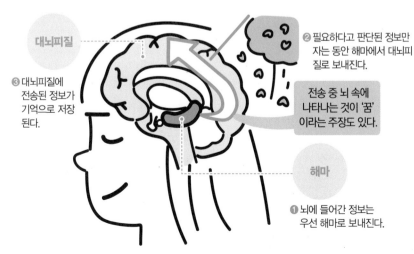

**잠을 푹 자면, 보고 듣고 학습한 것이 기억으로 저장된다!**

## 꿈의 정체는 기억의 전송 작업?!

기억의 저장 통로는 해마에서 대뇌피질로!

대뇌피질

❷ 필요하다고 판단된 정보만
자는 동안 해마에서 대뇌피
질로 보내진다.

전송 중 뇌 속에
나타나는 것이 '꿈'
이라는 주장도 있다.

❸ 대뇌피질에
전송된 정보가
기억으로 저장
된다.

해마

❶ 뇌에 들어간 정보는
우선 해마로 보내진다.

45

수면의 놀라운 힘 ❷ 기억을 정리하고 저장한다!

## 18 수면의 놀라운 힘 ❹
# 면역력을 증강시켜 저항력을 높여 준다!

'사이토카인'이라는 생리 활동 물질이 몸을 쉬게 하는 지령을 내린다

짧은 수면은 교감신경을 활성화해 면역력을 높인다는 연구결과가 있다. 그러나 책에서(→10쪽) 살펴본 것처럼 수면 부족은 면역력을 떨어뜨린다.

면역력은 호르몬과 연동돼 있으므로 수면 부족 등으로 호르몬 균형이 무너지면 정상적인 기능을 할 수 없다.

특히, 대사에 관련되는 성장호르몬은 첫 비렘수면이 나타나지 않으면, 분비량이 급격하게 줄어들어 세포의 상처를 회복하는 데 장애가 발생한다. 그 결과 면역력이 떨어져 균이나 바이러스가 침입하기 쉬워진다.

감기나 독감에 걸리면 열이 오르면서 몸이 힘들어지고 잠이 쏟아진다. 이는 면역력이 제대로 기능하고 있다는 증거이다.

바이러스가 체내로 침입하면 그 정보를 입수한 면역세포가 다른 면역세포에게 생리 활성 물질의 일종인 사이토카인을 분비하라는 지령을 내린다. 그러면 지령을 받은 세포가 바이러스에 감염된 세포를 공격하기 시작한다.

그때 사이토카인은 면역세포가 충분히 작동해 바이러스와 싸울 수 있게 체온을 올리고 몸을 쉬게 하는 등의 지령을 내리면서 도와준다. 그래서 열이 나거나 졸린 것이다. 따라서 면역이 제대로 기능할 수 있도록 적절한 수면으로 몸을 관리해 주는 것이 중요하다.

## ◆ 소방 분야

| 강좌명 | 수강료 | 학습일 | 강사 |
|---|---|---|---|
| 소방기술사 1차 대비반 | 620,000원 | 365일 | 유창범 |
| [쌍기사 평생연장반] 소방설비기사 전기 x 기계 동시 대비 | 549,000원 | 합격할 때까지 | 공하성 |
| 소방설비기사 필기+실기+기출문제풀이 | 370,000원 | 170일 | 공하성 |
| 소방설비기사 필기 | 180,000원 | 100일 | 공하성 |
| 소방설비기사 실기 이론+기출문제풀이 | 280,000원 | 180일 | 공하성 |
| 소방설비산업기사 필기+실기 | 280,000원 | 130일 | 공하성 |
| 소방설비산업기사 필기 | 130,000원 | 100일 | 공하성 |
| 소방설비산업기사 실기+기출문제풀이 | 200,000원 | 100일 | 공하성 |
| 소방시설관리사 1차+2차 대비 평생연장반 | 850,000원 | 합격할 때까지 | 공하성 |
| 소방공무원 소방관계법규 문제풀이 | 89,000원 | 60일 | 공하성 |
| 화재감식평가기사·산업기사 | 240,000원 | 120일 | 김인범 |

## ◆ 위험물 · 화학 분야

| 강좌명 | 수강료 | 학습일 | 강사 |
|---|---|---|---|
| 위험물기능장 필기+실기 | 280,000원 | 180일 | 현성호,박병호 |
| 위험물산업기사 필기+실기 | 245,000원 | 150일 | 박수경 |
| 위험물산업기사 필기+실기[대학생 패스] | 270,000원 | 최대4년 | 현성호 |
| 위험물산업기사 필기+실기+과년도 | 350,000원 | 180일 | 현성호 |
| 위험물기능사 필기+실기[프리패스] | 270,000원 | 365일 | 현성호 |
| 화학분석기사 필기+실기 1트 완성반 | 310,000원 | 240일 | 박수경 |
| 화학분석기사 실기(필답형+작업형) | 200,000원 | 60일 | 박수경 |
| 화학분석기능사 실기(필답형+작업형) | 80,000원 | 60일 | 박수경 |

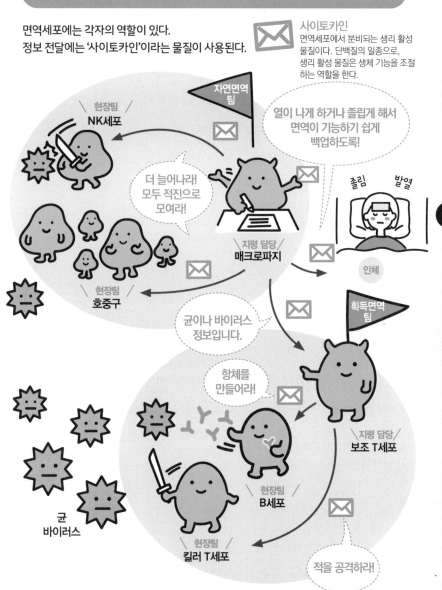

## 면역 시스템을 관리하는 구조

면역세포에는 각자의 역할이 있다.
정보 전달에는 '사이토카인'이라는 물질이 사용된다.

**사이토카인**
면역세포에서 분비되는 생리 활성 물질이다. 단백질의 일종으로, 생리 활성 물질은 생체 기능을 조절하는 역할을 한다.

자연면역
팀

\ 현장팀 /
NK세포

더 늘어나라!
모두 적진으로
모여라!

열이 나게 하거나 졸립게 해서
면역이 기능하기 쉽게
백업하도록!

졸림    발열

\ 지령 담당 /
매크로파지

인체

\ 현장팀 /
호중구

균이나 바이러스
정보입니다.

획득면역
팀

항체를
만들어라!

\ 지령 담당 /
보조 T세포

\ 현장팀 /
B세포

균
바이러스

\ 현장팀 /
킬러 T세포

적을 공격하라!

**감기에 걸리면 열이 나고 잠이 오는 이유는
몸의 면역 기능이 열심히 일하고 있다는 증거!**

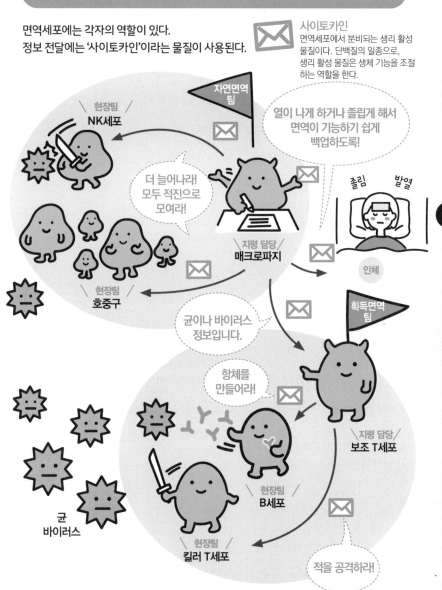

수면의 놀라운 힘 ④ 면역력을 증강시켜 자연력을 높여 준다!

# 19 수면의 놀라운 힘 ⑤
# 뇌의 노폐물을 제거한다!

**글림프 시스템이 치매를 예방한다?!**

사람의 몸을 구성하는 37조 개나 되는 세포는 각각 물질대사를 하면서 동시에 노폐물을 발생시킨다. 노폐물은 림프 조직 등을 통해 세포 밖으로 배출된다.

뇌의 무게는 성인 약 1,200~1,400g으로, 체중의 2퍼센트 정도도 안 되지만, 거의 쉬지 않고 움직이고 있으므로 몸의 약 18퍼센트나 되는 에너지를 소비한다.

대사 활동이 활발할수록 그만큼 노폐물도 많이 생긴다. 그런데 뇌에는 림프 조직이 없다. 그 대신 뇌의 노폐물은 뇌를 채우고 있는 '뇌척수액'이라는 액체로 세정된다. 이 기능을 '글림프 시스템(Glymphatic System)'이라고 한다.

노폐물 제거는 대체로 자는 동안에 이루어지기 때문에 수면이 부족한 상태가 지속되면 노폐물을 충분히 처리하지 못해 노폐물이 축적된다.

그중에서도 역할을 다한 단백질(아밀로이드 전구체 단백질)의 대사로 생기는 노폐물인 아밀로이드 베타가 쌓이면 뇌에 반점(노인반)이 생기고, 알츠하이머형 치매의 원인이 된다고 한다.

아밀로이드 베타의 축적은 고령이 되고 난 후가 아닌, 치매가 발병하기 20년 전부터 시작된다고 한다. 젊었을 때부터 쌓인 수면 부족이 치매에도 영향을 미치는 것으로 보인다.

# 수면은 뇌의 강력한 청소 시간!

뇌척수액이 뇌의 노폐물을 씻어낸다.
이 시스템을 '글림프 시스템'이라고 한다.

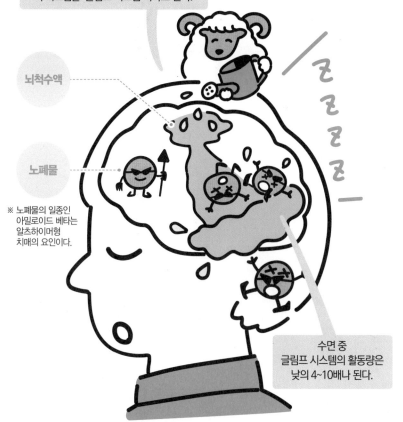

뇌척수액

노폐물

※ 노폐물의 일종인
아밀로이드 베타는
알츠하이머형
치매의 요인이다.

수면 중
글림프 시스템의 활동량은
낮의 4~10배나 된다.

• 글림프 시스템에 따라 뇌 속으로 뇌척수액이 들어가
  노폐물을 배출한다.
• 잠을 잘 때는 노폐물의 배출량이 증가한다.

충분한 수면으로 뇌의 노폐물을 제거할 수 있다.
치매 예방 효과도 기대할 수 있다!

## 20 수면 부채를 모른다?!

### 수면 부족이 쌓이면 수면 부채에 빠진다

전문가들은 수면 부족을 '수면 부채'라고 표현한다.

'인간에게는 일정한 수면시간이 필요한데, 필요한 시간보다 수면시간이 짧으면 부족한 만큼 쌓인다. 즉, 수면 부채가 생긴다.'

이는 필자가 소속된 스탠퍼드 대학교 수면장애클리닉연구센터의 설립자인 윌리엄 데먼트(William C. Dement) 교수가 1990년부터 쓰기 시작한 수면 부채(Sleep Debt)의 개념이다.

일부러 '수면 부채'로 표현해 단순히 부족하다는 이미지가 아니라 자신도 모르는 사이에 조금씩 늘어난다는 점을 강조해 알리는 것이다.

수면 부채에 관해서는 펜실베이니아 대학교의 실험 보고서가 있다. 실험에서는 '6시간의 수면을 지속하면 10일 사이 집중력과 주의력이 하룻밤을 새웠을 때와 거의 비슷해지고, 4시간의 수면을 지속하면 2주에 3일 밤을 새웠을 때와 거의 비슷한 정도까지 집중력과 주의력이 떨어진다'는 것이 밝혀졌다.

더욱이 밤을 새운 후에는 피로나 졸음 때문에 일의 능률이 떨어지는 것을 자각하지만, 4시간·6시간 수면 그룹은 뇌의 활동이 둔해진 것을 자각하지 못하기도 했다(→51쪽 그림). 작은 수면 부족이 쌓여 어느새 큰 수면 부채에 빠진 것이다. 무엇보다 자신도 모른다는 점이 수면 부채의 위험성이다.

# '수면 부족'이라는 자각이 없는 상태에서 실수가 잦아진다!

21~38세까지 48명의 건강한 사람을
4그룹으로 나눠 주의력·집중력을 조사

**A**
3일 동안 계속
밤을 새운다.

**B**
2주 동안 계속
4시간 잠을 잔다.

**C**
2주 동안 계속
6시간 잠을 잔다.

**D**
2주 동안 계속
8시간 잠을 잔다.

**A B C D**에 속하는 사람의 실수 빈도를 비교

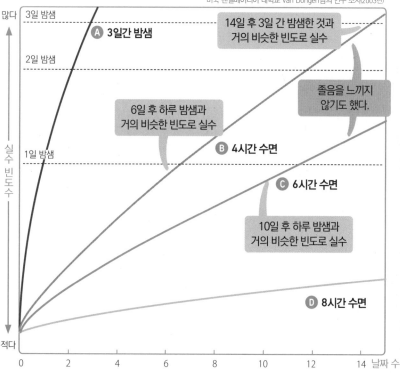

미국 펜실베이니아 대학교 Van Dongen팀의 연구 조사(2003년)

실수 빈도수 / 많다 / 적다

3일 밤샘
**A** 3일간 밤샘

14일 후 3일 간 밤샘한 것과
거의 비슷한 빈도로 실수

2일 밤샘

졸음을 느끼지
않기도 했다.

6일 후 하루 밤샘과
거의 비슷한 빈도로 실수

**B** 4시간 수면

1일 밤샘

**C** 6시간 수면

10일 후 하루 밤샘과
거의 비슷한 빈도로 실수

**D** 8시간 수면

0   2   4   6   8   10   12   14 날짜 수

수면 부채를 모른다?!

## 만성적인 수면 부족은
## 밤샘했을 때와 비슷한 정도로 능률이 떨어진다!
## 더욱이 수면이 부족하다는 자각도 별로 없다.

# 21 이상적인 수면 패턴을 배우자

## 비렘수면과 렘수면을 4~5회 반복한다

밤이 깊어짐에 따라 잠을 촉진하는 호르몬인 멜라닌의 분비가 조금씩 증가하면 체온, 혈압, 맥박이 떨어지면서 자연스럽게 잠이 온다. 그리고 깨어나서 약 14~16시간이 지나면, 수면욕도 충분히 높아지기 때문에 대부분의 사람은 침대에 누워 눈을 감고 10분 정도 지나면 입면한다.

입면 후에는 수면이 단계적으로 깊어지다가 첫 깊은 비렘수면에 다다른다. 이때 느리고 큰 파형의 뇌파가 보인다고 해서 '서파수면'이라고도 한다. 비렘수면의 깊이는 4단계로 나뉘고, 첫 비렘수면이 가장 깊으며 어느 정도 길게 지속된다(뇌파에 대한 자세한 설명은 41쪽 참조).

비렘수면 후에 나타나는 것이 렘수면이다. 뇌는 각성 때와 마찬가지로 활동하지만, 몸은 자고 있기 때문에 근육이 이완해 거의 움직이지 않고 잠을 잔다. 그 후 일정한 주기로 비렘수면과 렘수면을 반복하다가 아침을 맞이한다. 정상적인 수면 패턴의 경우, 비렘수면은 점점 얕아지고 렘수면은 점점 길어진다(→ 53쪽 그림).

새벽을 향해 각성 작용이 있는 호르몬 코르티솔의 분비량이 늘어나고 체온, 혈압, 맥박이 올라가면 몸도 일어날 준비를 한다. 이와 같은 건강한 수면 패턴으로 잠을 자면 아침에 자연스럽게 일어날 수 있는 구조가 된다.

## 아침에 일어날 수 있는 이유는 잠의 깊이와 관련되어 있다!

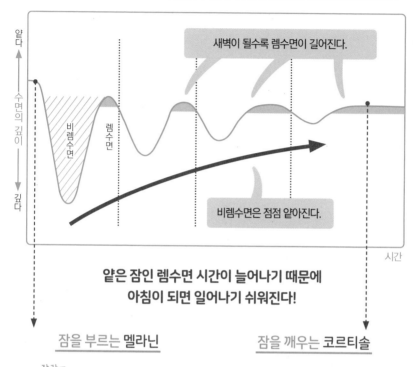

얕다

수면의 깊이

깊다

새벽이 될수록 렘수면이 길어진다.

비렘수면

렘수면

비렘수면은 점점 얕아진다.

시간

이상적인 수면 패턴을 배우자

얕은 잠인 렘수면 시간이 늘어나기 때문에
아침이 되면 일어나기 쉬워진다!

잠을 부르는 **멜라닌**

잘 자 —

졸려져라 —

자라 —

어두워지면 분비량이 늘어나기 시작해
자연스럽게 잠을 재촉한다. 수면 중인 한
밤중에 분비량이 절정에 달한다.

잠을 깨우는 **코르티솔**

일어나!

굿모닝!

일어나라고!

수면 중간부터 새벽에 걸쳐 분비량이
늘어나고 일어난 후에도 한참 동안 대
량으로 분비된다. 몸을 각성시켜 낮 동
안 활동할 수 있게 준비한다.

## 22 가장 중요한 타이밍은 잠든 후 '첫 90분'

수면시간을 늘리기보다 질을 높이는 편이 좋다

질 좋은 수면을 위해 잘 알아두면 좋은 것이 입면 후 처음에 나타나는 비렘수면이다. 막 잠들기 시작했을 때의 비렘수면은 수면주기의 대부분을 차지하고 거의 90분간 지속된다.

이때 제대로 자 두면 이후 수면의 질도 좋은 상태가 된다. 필자는 첫 90분을 '황금 시간 90분'이라고 부른다.

입면 후 잠이 서서히 깊어지면서 교감신경이 억제되고 부교감신경이 활성화되어 뇌와 몸이 편안한 상태가 된다. 자율신경의 균형이 안정되면 호르몬의 균형도 좋아진다.

그중에서도 사람의 성장에 관여하는 성장호르몬은 첫 비렘수면 동안에 전체의 70~80퍼센트가 분비된다. 하지만 첫 90분 동안 질 좋은 비렘수면이 나타나지 않으면 호르몬의 분비는 크게 감소한다.

또한 입면 시 높아졌던 수면욕이 첫 비렘수면으로 방출되면서 이후의 수면 패턴이 정돈된다.

비렘수면은 하룻밤에 4~5회 반복되지만, 두 번째 이후의 비렘수면이 첫 번째보다 깊어지는 일은 없다. 즉, 첫 90분이 얕고 짧으면서 충분하지 못한 비렘수면이면, 이후의 수면에도 나쁜 영향을 미쳐 아무리 긴 잠을 자도 아침에 개운하게 일어나지 못한다.

## 첫 비렘수면을 방해하면 잠의 질이 나빠진다!

니시노 세이지, 『스탠퍼드식 최고의 수면법』(북라이프, 2017)을 참고하여 수정

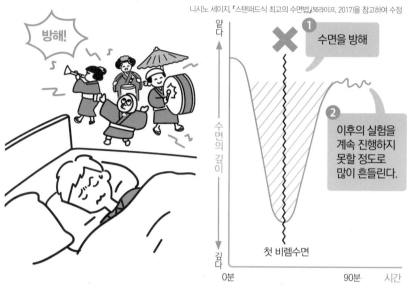

**방해!**

얕다

수면의 깊이

깊다

1 수면을 방해

2 이후의 실험을 계속 진행하지 못할 정도로 많이 흔들린다.

첫 비렘수면

0분          90분      시간

### '첫 90분'이 수면 전체의 질을 좌우한다!

### 수면에서 중요한 것은 시간 < 질

아침에 일어났을 때
컨디션이 좋은지, 아닌지는 수면의 질을 확인하는 하나의 지표가 된다.

8시간 수면 & 첫 90분 ✖

6시간 수면 & 첫 90분 ⭕

\ 개운하지가 않아…. /

\ 상쾌한 기상! /

### 첫 90분 수면의 질이 좋으면
### 6시간만 잠을 자도 개운하게 일어날 가능성이 높다!

55

가장 중요한 타이밍은 잠든 후 '첫 90분'

# 23 생체시계가 수면과 각성을 지배한다

생체시계가 앞으로 당겨지거나 뒤로 밀리는 것은 아침 햇빛으로 리셋된다

지구에 존재하는 대부분의 생물은 고유한 생체시계를 가지고 있다. 생체시계 덕분에 지구 자전에 맞춰 체내 생리 현상을 조절하는 생체리듬이 만들어지는 것이다.

생체리듬에는 초 단위에서부터 연 단위까지 여러 가지가 있지만, 인체의 다양한 생리 기능과 가장 관련이 깊은 것이 '일주기 생체리듬'이다.

수면은 일주기 생체리듬에 맞춰 변하는 체온과 호르몬의 영향을 받으면서 몸을 일정하게 유지하려고 기능하는 항상성(Homeostasis)(→57쪽 그림)으로 조절된다.

그런데 사람의 일주기 생체리듬의 1일은 지구 자전과 더불어 정해지는 1일보다 긴 약 24.2시간이라서 그냥 두면 조금씩 뒤로 밀려난다.

이와 같이 뒤로 밀리는 현상을 제자리로 맞춰 주는 것이 '빛'이다. 생체시계의 중추는 뇌의 시상하부에 있는 시교차상핵에 있고, 몸의 세포에 있는 시계유전자에게 지령을 보내 조절한다.

특히, 아침 햇빛이 효과적이다. 망막이 아침 햇빛을 감지하면 시교차상핵에 정보가 전달되고, 생체시계가 리셋되어 지구의 시간과 생체시계를 맞추는 것이다.

아침에 일어나면 우선 아침 햇빛을 받아 생체시계를 맞추고 하루를 상쾌하게 시작하자.

## 항상성과 일주기 생체리듬이 수면과 각성을 조절한다

### 항상성
=
**호메오스타시스(Homeostasis)**

몸 상태를 일정하게 유지해 주는 기능.
예를 들어 피로가 쌓이거나 잠을 오래
못 자면 졸린다.

### 일주기 생체리듬
=
**서캐디언 리듬(Circadian Rhythms)**

생체시계의 구조 중 하나.
약 24시간 리듬으로 잠에서 깨거나 잠이
오거나 하는 주기를 만들어 내는 기능이다.

## 생체시계의 중추는 뇌의 시교차상핵에 있다

체온이나 호르몬 분비에 관여하는
일주기 생체리듬의 사령탑

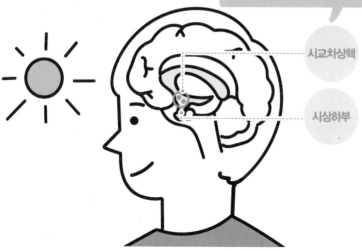

시교차상핵

시상하부

**빛을 받아 리셋되면서 지구의 시간과 생체시계를 맞출 수 있다!**

생체시계가 수면과 각성을 지배한다

# 24 과다 수면과 불면의 미스터리한 관계

잠을 못 자서 과다 수면이 나타난다. 낮에 과다 수면을 해도 불면이 된다

일본에서는 성인 약 20퍼센트가 수면과 관련된 문제를 가지고 있다고 한다. 수면 장애는 수면에 이상이 생겨 생활에 지장을 초래하는 상태의 총칭인데, 증상이나 증세에는 여러 가지가 있다.

일반적으로 '수면 장애'라고 하면, 잠을 잘 못 자고(입면 장애), 한밤중에 자꾸 깨고(중도 각성), 빨리 깨어나고(조기 각성), 푹 잤다는 느낌이 들지 않는 등 잠을 못 자는 상태를 생각한다. 이러한 예는 전부 불면증 증상으로, 본인이 자각하는 경우가 많다.

한편, 낮에 갑자기 밀려온 졸음을 참지 못하는 과다 수면증도 불면증과 마찬가지로 자주 볼 수 있는 증상이다. 과다 수면 증상에서 가장 많이 나타나는 것이 수면 중 나타나는, 수면 무호흡증으로 인한 과다 수면이다. 수면 중에 자주 호흡 정지가 나타나고 각성 반응이 나타나다 보니 숙면을 하지 못해 낮에 졸음이 발생한다. 수면 중 나타나는 수면 무호흡증 중 가장 많은 증상이 낮 동안 발생하는 졸음이다.

불면과 과다 수면은 다른 질병으로 분류되지만, 사실 표리일체의 관계이다. 과다 수면이나 낮 동안의 불규칙한 생활 습관으로 인해 밤에 불면으로 시달리는 경우도 드물지 않다.

잠을 못 자는 것은 물론 참을 수 없을 정도로 졸린 것도 수면 장애이다. 과다 수면으로 걱정이 되는 사람은 전문의의 진료를 받아 보길 권한다.

## 수면 장애의 7종류

국제수면 장애분류 제3판(ICSD3)에서는 크게 7개로 분류한다.

**불면증**
잠을 잘 자지 못하고, 푹 자지 못하는 등

**중추성 과다 수면증**
나르콜렙시 (narcolepsy) 등의 과다 수면증

**수면 관련 호흡 장애군**
수면 중에 자주 호흡 정지가 생기고, 각성 반응이 나타난다.

**일주기 생체리듬 수면·각성 장애**
적절한 시간에 자거나 일어나지 못한다.

**수면할 때 수반되는 증후군**
몽유병 등 수면 중 이상 행동을 보인다.

**수면 관련 운동 장애군**
다리가 근질근질하거나 화끈거려 잠을 잘 못 잔다.

**기타 수면 장애**
수면으로 생기는 두통이나 간질 등

## 불면증은 노인일수록 걸리기 쉽다

### 불면증의 여러 가지 패턴

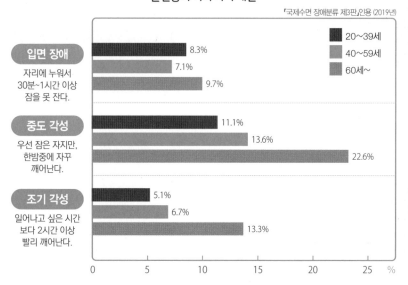

「국제수면 장애분류 제3판」인용 (2019년)

- 20~39세
- 40~59세
- 60세~

**입면 장애**
자리에 누워서 30분~1시간 이상 잠을 못 잔다.
- 8.3%
- 7.1%
- 9.7%

**중도 각성**
우선 잠은 자지만, 한밤중에 자꾸 깨어난다.
- 11.1%
- 13.6%
- 22.6%

**조기 각성**
일어나고 싶은 시간보다 2시간 이상 빨리 깨어난다.
- 5.1%
- 6.7%
- 13.3%

**나이에 따라 입면부터 기상까지 장애가 나타나는 부분이 달라진다.**
**이러한 증상은 동시에 나타나기도 한다.**

# 25 정말 무서운 수면 무호흡증

**코를 골거나 낮 동안에 나타나는 권태감으로 점점 몸의 이상을 느낀다**

수면 장애 중에서도 최근 들어 증가하는 것이 21세기 현대병이라고도 하는 '수면 무호흡 증후군(SAS)'이다. 잠을 자는 동안 자주 호흡이 멈추는 질병으로, 수면 관련 호흡 장애 증후군으로 분류된다.

수면 중에는 기도나 혀 주변의 근육이 이완되어 힘이 빠지는데, 이때 아래로 처진 혀가 기도를 막는 상황이 발생하면 숨이 막히면서 괴로워지는 것이다.

더욱이 숨이 막힐 때마다 부족한 산소를 채우려고 각성을 반복하면서 만성적인 수면 부족 상태에 빠지는 것이다. 그 결과, 낮에 잠이 쏟아지거나 판단력과 집중력이 떨어지는 등 일상생활에 영향을 미치게 된다.

수면 무호흡증이 길어지면 고혈압이나 당뇨병 등 생활 습관병이 생기고 더 나빠지면 뇌졸중이나 심근경색 등 생명에 관계되는 질병에 걸릴 위험성이 커진다. 치료하지 않고 그냥 두면 8년 동안 약 40퍼센트의 사람이 사망한다는 충격적인 데이터도 있을 정도이다.

이 질병이 있는 사람은 코 고는 소리가 큰 경우가 많은데, 대개 가족이 말해 줘서 알게 된다.

자신은 자각하기 어려우므로 낮에 졸리거나 권태감이 있는 등 뭔가 신경 쓰이는 증상이 있다면, 의사의 진료를 받아 보길 권한다.

## 생명에 영향을 미치는 수면 무호흡증

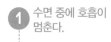

**1** 수면 중에 호흡이
멈춘다.

**2** 호흡이 멈출 때마다
각성 반응을 보인다.

**한밤중에 자주 각성하기 때문에 만성적인 수면 부족에 빠진다.**

- 낮에 졸음이 쏟아지거나 판단력과 집중력이 떨어진다.
- 만성화되면 고혈압이나 당뇨병에 걸릴 위험이 커지고 더 나빠지면
  뇌졸중이나 심근경색으로 발전할 가능성도 있다.

**61**

## 신경 쓰이는 증상이 있다면 진료를 받아 보자!

### 잠을 자는 동안

☐ 항상 코를 곤다.
☐ 코를 골다가 자주 멈춘다.
☐ 호흡이 멈출 때가 있다.
☐ 숨쉬기 힘들어 깨어난다.
☐ 자주 잠에서 깬다.
☐ 땀을 흘린다.
☐ 자주 소변이 마려워 잠에서 깬다.

### 깨어났을 때

☐ 분명 잠을 잤는데도 졸립다.
☐ 나른하고 권태감이 있다.
☐ 집중력이 지속되지 않는다.
☐ 항상 피로감이 있다.
☐ 아침에 일어났을 때 피로가 가시지
　않는다.
☐ 20살 때보다 10킬로그램 이상
　늘었다.

> 3개 이상 해당하면 주의가 필요! 빨리 병원으로!

**'살찐 남성한테 많이 나타나는 질병'이라는 이미지가 있는데,
마른 사람이나 여성도 걸린다. 섣부른 판단은 금물!**

정말 무서운 수면 무호흡증

# 26 의외로 잘 모르는 여러 가지 유형의 수면 장애

생체리듬이 무너지거나 몸이 생각대로 움직여 주지 않거나

적절한 시간에 자고 일어나는 게 불가능해지는 일주기 리듬 수면 장애와 각성 장애는 체내의 수면과 각성 리듬(생체시계)이 지구의 명암(밤낮) 사이클과 일치하지 않았을 때 발생하는 수면 장애이다.

이 장애는 저절로 생기기도 하고 외적 요인으로 발생하기도 한다. 예를 들어 주간과 야간 근무를 번갈아가며 하는 경우, 출퇴근 시간에 맞춰 억지로 취침 시간대를 바꿔야만 한다.

그러면 생체시계의 리듬이 무너져 입면과 기상 시간이 적절하지 않게 된다. 그 결과, 낮 동안의 업무 능률이 저하되고 컨디션도 나빠진다. 보통 생체시계는 아침 햇빛으로 리셋되기 때문에 불규칙한 생활이 계속되면 제자리로 돌아오기 어려워진다.

사건수면은 수면 중 이상 행동이나 생리 현상이 나타나는 수면 장애이다. 대표적인 예로 비렘수면 중에 보이는 몽유병, 야경증 등을 들 수 있다. 야뇨증이나, 이를 갈거나, 악몽도 사건수면에 포함된다. 아이들한테 자주 나타나고 대부분은 성장하면서 개선된다.

고령자에게 많은 렘수면 행동장애는 렘수면 중에 꿈과 연동된 행동을 해서 가끔 위험하기도 하다.

수면 중 운동장애 증상은 자는 동안 다리가 저리는 불편감으로 잠들지 못하는 하지불안증후군(Restless Legs Syndrome) 등이 있다.

이 중 하나라도 증상이 있거나 불편함이 계속된다면 전문의의 상담을 받아 보자.

# 하루 생체리듬과 각성 장애의 유형

생체시계의 리듬이 무너져 적절한 시간대에 잠이 들지 않는 수면 장애.
근무 시간대(주간 근무와 야간 근무)가 바뀌면 생기는데, 이 밖에도 다음과 같은 유형이 있다.

■ 수면시간   ▨ 21~이튿날 아침 6시

나시노 세이지, 『수면 장애 현대의 국민병을 과학의 힘으로 극복한다』(가도카와신서, 2020)를 참고하여 수정

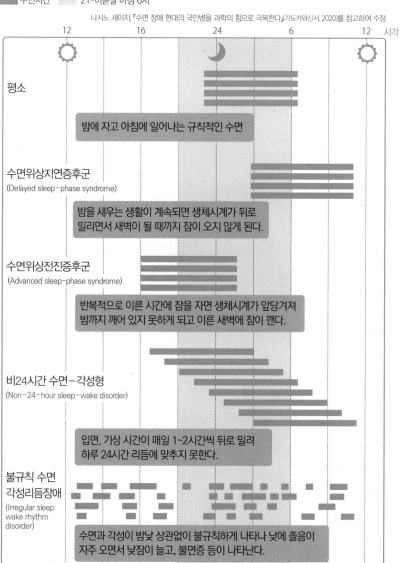

63

의외로 잘 모르는 여러 가지 유형의 수면 장애

# 27 수면 부족은 만병의 근원!

## 비만이나 생활 습관병, 암 발병률을 높인다

질이 나쁜 수면이나 만성적인 수면 부족은 낮의 졸음과 판단력 저하뿐만 아니라 면역력을 약화시키고 호르몬 분비나 자율신경에 악영향을 미친다.

예를 들어 식욕에 관여하는 호르몬 분비에 이상이 생기면 살이 찌기 쉬운 몸이 되고, 악화되면 당뇨병이나 고혈압과 같은 생활 습관병이 생긴다. 심근경색이나 뇌혈관질환, 암의 발병률도 높아진다.

이 밖에 우울증과 같은 정신질환에 걸릴 위험이 높아진다는 연구 결과도 있다.

일본에서는 근로자 중 약 30퍼센트가 교대 근무 형태가 있는 일에 종사한다. 불규칙한 근무 형태에서는 수면도 흐트러지기 쉽다. 이런 상황을 조금이라도 개선하려는 노력의 하나로 생체시계를 맞추기 쉬운 교대 방식을 적용하는 업무 형태도 있다. 이러한 업무 형태의 포인트는 생체시계가 뒤로 밀리는 편이 맞추기 쉽다는 것이다.

예를 들어, 간호직과 같은 3교대 근무 형태로 '데이 → 이브닝 → 나이트'의 순서로 며칠씩 뒤로 밀리는 교대 근무표를 짜는 방법이다. 교대 근무 일정을 무작위로 짜는 것보다 몸에 주는 부담을 줄일 수 있다. 물론 맞추기 쉬운지, 아닌지는 개인차가 있어서 이 방법이 모든 사람에게 효과가 있다고 장담할 수는 없다.

본디 직종에 따라 수면의 차가 생겨서는 안 된다. 어떤 직업이라도 충분히 수면을 확보할 수 있는 근로 형태가 필요하다.

## 야간 교대 근무는 수면 문제가 생기기 쉽다!

낮에 근무하는 사람과 야간 교대 근무하는 사람의 수면 장애 비율을 비교해 조사한 결과

미국 위스콘신대학교 Givens팀이 실시한 '위스콘신 건강조사'에 참가한 1,593명의 조사 결과(2016년)

> 야간 근무하는 사람에게 발생하기 쉬운 여러 가지 수면 문제

**야간 근무를 하는 사람은 특히 수면 장애 주의!**

## 야간 교대 근무는 당뇨병의 발병률을 높인다!

야간 교대 근무를 하는 간호사와 주간 근무만 하는 간호사의
2형 당뇨병의 발병률을 조사한 결과

미국 하버드대 공중위생대학원 Schernhammer팀의 '간호사 건강조사'(2015년)

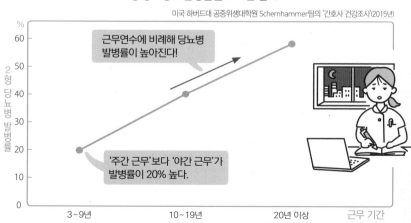

> 근무연수에 비례해 당뇨병 발병률이 높아진다!

> '주간 근무'보다 '야간 근무'가 발병률이 20% 높다.

**불규칙한 수면 사이클이 계속되면
병의 발병률이 높아진다!**

# 28 수면이 부족하면 부정적인 감정에 과잉 반응한다

수면 부족은 짜증을 늘려 행복한 감정을 지운다

사람은 수면 부족이 계속되면 짜증이 생기고 불안한 감정이 늘어 자주 신경질을 내거나 화를 낸다.

20대의 건강한 젊은층을 대상으로 '5일 동안 8시간 잠'을 자게 한 다음 다시 '5일 동안 4시간 잠'을 자게 하고, 사람의 다양한 표정이 담긴 영상을 보여 주면서 뇌 활동 상태를 조사했다. 그러자 수면시간이 짧으면 공포나 분노가 나타나는 불쾌한 표정을 봤을 때 기분이 나빠지거나 불안해지기 쉽다는 것을 알 수 있었다(→ 67쪽 그림). 뇌에는 감정이 폭주하지 않도록 브레이크를 밟아 주는 전대상피질(Anterior Cingulate Cortex)과 편도체가 있다. 그러나 수면 부족 상태에서는 전대상피질과 편도체가 역할을 제대로 하지 못해 브레이크가 걸리기 어려워진다.

주변 사람들의 사소한 말과 행동이 계속 신경을 건드리면서 짜증이 날 때는 수면이 부족한 상태일 수도 있다. 겨우 이틀 정도의 수면 부족 상태에서도 브레이크가 걸리기 힘들어지는 변화가 나타났다는 연구도 있다.

또한 노르웨이 과학기술대학교의 연구 보고서(2020년)를 통해 수면을 줄이면 이튿날 아침 긍정적인 감정이 감소한다는 사실도 밝혀졌다. 긍정적인 감정이 사라진다는 것은 우울증 등과 같은 여러 가지 마음의 건강과 관련돼 있다. 질이 좋은 수면은 불안하고 초조한 마음을 없애고 긍정적인 생각을 가지게 해 주는 것으로, 더 좋은 삶을 위해 꼭 필요하다.

## 수면이 부족하면 부정적인 마음이 생긴다?!

건강한 성인 남성 14명을 대상으로

**충족 수면**
**A**
5일간
**하루 8시간** 수면

**수면 부족**
**B**
5일간
**하루 4시간** 수면

2주 동안 간격을 두고 A, B 양쪽을 체험하게 한다.

A, B 실험이 각각 끝난 후 남녀가 '공포스러운 표정', '행복한 표정', '평소 표정' 등 48장의 모니터 영상을 봤을 때의 뇌 활동의 변화를 'MRI(자기공명영상장치)'로 조사했다.

국립 정신·신경의료연구센터 Motomura팀의 실험(2013년)

편도체

싫고

### 결 과

**수면 부족**
**B**
5일간
**하루 4시간**
수면한 경우

- 공포스러운 표정, 분노의 표정을 봤을 때는 좋고 싫고를 판단하는 편도체의 활동량이 증기했다.
- 행복한 표정을 봐도 편도체의 활동에 변화가 없었다.

**수면이 부족할 때는 부정적인 표정에 더 반응하기 쉬워진다.**

# 29 잘 자는 아이는 뇌도 잘 자란다!

## 두뇌의 새로운 신경회로는 수면 중에 구축된다

태어난 지 얼마 안 된 신생아는 대부분 잠만 잔다. 이를 '다상수면(Polyphasic Sleep)'이라 하고, 밤낮 관계없이 수면과 각성을 반복한다. 생후 28일까지의 신생아는 하루에 약 16시간이나 잠을 잔다. 어른과 달리 렘수면 상태가 꽤 길고 깊은 비렘수면도 많이 나타난다(→ 69쪽 그림).

신생아의 뇌는 외부로부터 다양한 자극을 받으면서 뇌 속의 신경회로(시냅스)를 계속 만들고 불필요한 것은 제거하면서 발달한다. 이러한 뇌의 활동은 대체로 렘수면 단계에서 이루어진다. 뇌의 발달 관점에서도 유아기(0~5세)의 수면은 매우 중요하다.

이후 성장하면서 깨어 있는 시간이 점점 늘어나고 6세 정도에는 낮에 14~15시간 정도 계속 깨어 있게 된다. 초등학교를 졸업할 즈음에는 어른과 비슷한 수면 패턴이 확립된다.

한편, 수면시간이 충분하지 않은 채로 성장하면 뇌의 발달에 악영향을 미친다. 실제로 수면이 부족한 아이들에게 발달 장애 중 하나인 주의 결핍 과다 행동장애(ADHD)와 학습장애(LD) 아이들과 비슷한 증상이 나타난 사례도 있다.

최근 인터넷의 확산으로 아이들의 수면 부족이 문제가 되고 있다. 아이들의 수면을 지켜 주는 것도 우리 사회의 과제일 것이다.

## 신생아가 잘 자는 것은 뇌를 성장시키기 위해서?!

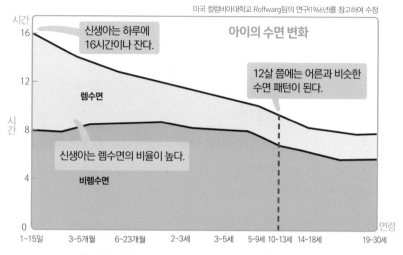

미국 컬럼비아대학교 Roffwarg팀의 연구(1966년)를 참고하여 수정

아이의 수면 변화

신생아는 하루에 16시간이나 잔다.

12살 쯤에는 어른과 비슷한 수면 패턴이 된다.

렘수면

신생아는 렘수면의 비율이 높다.

비렘수면

시간 / 16 / 12 / 8 / 4 / 0

1~15일  3~5개월  6~23개월  2~3세  3~5세  5~9세 10~13세 14~18세  19~30세  연령

**새로운 신경회로는 수면 중에 만들어지기 때문에
신생아는 잠을 많이 잔다!**

## 수면은 평생 변한다

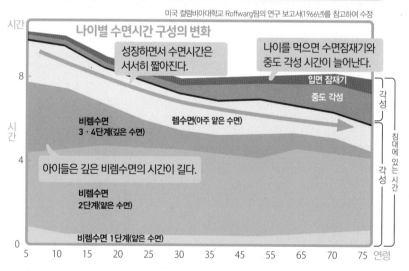

미국 컬럼비아대학교 Roffwarg팀의 연구 보고서(1966년)를 참고하여 수정

나이별 수면시간 구성의 변화

성장하면서 수면시간은 서서히 짧아진다.

나이를 먹으면 수면잠재기와 중도 각성 시간이 늘어난다.

입면 잠재기

중도 각성

비렘수면
3·4단계(깊은 수면)

렘수면(아주 얕은 수면)

아이들은 깊은 비렘수면의 시간이 길다.

비렘수면
2단계(얕은 수면)

비렘수면 1단계(얕은 수면)

각성

침대에 있는 시간

각성

시간 / 8 / 4 / 0

5  10  15  20  25  30  35  45  55  65  70  75  연령

**특히, 아이들의 '충분한 수면시간', '충분한 렘수면', '질 좋은 비렘수면'은
시냅스 발달과 정동(AFFECTS, 객관적으로 드러난 감정), 학습 능력 향상에 도움이 된다!**

# 30 왜 노인은 새벽에 일어날까?

**생체시계가 앞당겨져 이른 시간에 자고 수면도 얕아진다**

고령자는 아침에 빨리 일어난다. 젊었을 때와 비교해 수면이 얕아지는 경향이 있다.

이는 나이가 들면서 변하는 생체시계가 큰 영향을 미치는 것이다. 체온과 호르몬 분비 등 수면에 관련된 생체기능의 리듬이 앞당겨지는, 즉 빠른 쪽으로 변하는 것이다.

더욱이 수면주기를 조절하는 '멜라토닌'이라는 호르몬 분비량이 감소해 취침할 때 심부체온도 쉽게 떨어지지 않는다.

실제로 나이가 들면 깊은 비렘수면이 짧아지고 얕은 렘수면은 길어지는 패턴으로 바뀐다. 그래서 요의나 작은 소리에도 쉽게 잠을 깨는 등 한밤중에 자꾸 잠을 깨서 아침까지 푹 자기 어려워진다.

고령자는 낮 동안의 활동량이 감소하기 때문에 단시간의 수면으로도 충분하다고 하지만, 이는 잘못된 정보이다. 단시간 수면에 낮잠 습관까지 없는 사람일수록 치매에 걸릴 확률이 높다는 조사 결과가 있다. 밤에 길게 잠을 자지 못하면 낮잠으로 수면시간을 확보하는 것이 좋다.

또한 비렘수면시간이 줄어들면 골밀도를 늘리는 성장호르몬의 분비도 감소하고 뼈가 약해지면서 골절이 되기 쉬워진다. 뼈가 약해지는 것은 전형적인 노화 현상 중 하나이지만, 잠으로 유지 및 개선할 수 있다.

# 젊은층과 노년층의 수면 패턴 차이

나이가 들면 수면 패턴이 이 정도로 달라진다!

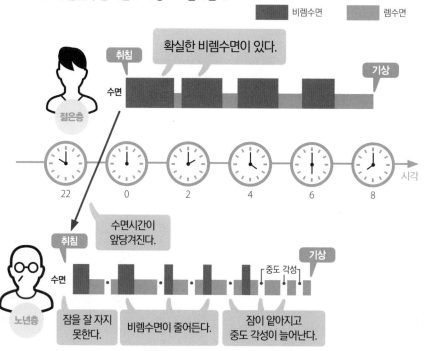

## 고령이 되면!

● 잠을 잘 못 자고, 입면 잠재기가 길어진다.
● 잠이 얕아지고 작은 요인으로 잠에서 깬다.
● 길게 숙면하기 어려워진다.
● 수면시간이 짧아진다.

**골다공증이나 치매 발병률도 높아진다.
낮잠으로 수면량을 확보하는 것도 효과적!**

# 한밤중에 보이는 이상 행동은
# 뇌의 불균형이 원인?!

수면할 때 좋지 않은 행동이 나타나는 것이 특징인 수면 장애가 있다. 총칭해서 '사건수면(Parasomnia)'으로 분류하는데, 대표적인 질환으로는 몽유병(수면 보행증), 야경증, 악몽, 렘수면 행동장애 등이 있다.

자고 있던 아이가 갑자기 일어나 걸어 다니거나 몸을 움직이는 등 신체 활동을 해서 나중에 물어보면 정작 본인은 아무것도 기억하지 못하는 몽유병, 깊게 잠든 비렘수면 중에 갑자기 일어나서 심박수와 호흡이 빨라지고, 크게 소리를 지르거나 우는 야경증, 렘수면 상태에서 보는 공포나 불안감으로 인해 생기는 악몽은 깨어났을 때 그 내용을 또렷하게 기억하는 경우가 많은 것이 특징이다.

이러한 증상은 어린아이에게 많이 나타나고, 성장하면서 사라지는 이른바 양성(⊠性)인 경우가 많다. 뇌 발달기에는 수면 조절과 관련된 뇌의 각 부위에서 발달 과정의 차이가 생긴다. 예를 들어 수면 시 근긴장의 조절 등에 문제가 발생하고 심신이나 운동의 해리 현상이 일어나면서 사건수면이 나타난다고 추측할 수 있다.

렘수면 행동장애는 렘수면 중에 말을 하거나(때로는 공격을 하거나), 자주 폭력적인 행동(팔을 휘두르거나, 주먹을 날리거나, 발로 차거나)이 나타난다. 이러한 행동은 꿈이 행동으로 표출된 것으로, 보통 렘수면 중에 나타나는 근육의 긴장 저하가 보이지 않는다. 이 질환은 어린아이만이 아닌 고령자, 특히 파킨슨병이나 알츠하이머와 같은 중추신경계 질환 환자에게 많이 나타난다.

사건수면은 아이들 특유의 수면 장애라고 생각하기 쉽지만, 렘수면 행동장애는 고령자에게 많이 나타나는 증상이다. 수면 조절과 관련된 뇌의 각 부위에 불균형이 발생하면 아이든 노인이든 상관없이 사건수면이 나타난다는 현상은 흥미로운 점이다.

**니시노 세이지, 「수면 장애 현대의 국민병을 과학의 힘으로 극복한다」(가도카와신서, 2020년)**

제 **3** 장

# 오늘 밤부터
# '황금 시간 90분'의 질을
# 높이는 비법

# 31 황금 시간 90분을 확실히 확보한다

## '밤에 자고 아침에 일어나는' 리듬을 잘 지킨다

수면의 질은 처음에 찾아오는 비렘수면, 소위 '황금 시간 90분'(→55쪽 그림)과 관련돼 있다. 처음에 이상적인 깊은 렘수면에 도달하면 이후의 수면리듬은 안정되어 아침에 개운하게 일어날 수 있다.

방법은 간단하다. 밤에 잠이 올 때 자면 된다. 수면은 항상성과 일주기 생체리듬에 지배된다. 아침이 오면 잠에서 깨고, 밤이 되면 잠을 자는 것은 매우 자연스러운 현상이다. 그런데 많은 사람이 늦게까지 잠을 자지 않거나 밤샘을 하는 등 수면을 관리하는 시스템을 쉽게 무시해버린다.

예를 들어 밤을 새워 작업하면 새벽녘에 겨우 잠을 자려고 해도 흥분 상태가 지속돼 잠이 오지 않는다. 더욱이 새벽은 각성이 시작되는 시간대이기도 하다. 아무리 잠을 자려고 애를 써도 깊은 비렘수면 상태가 오지 않아 잠에서 깨어도 개운하지 않다.

밤샘을 할 수밖에 없는 상황이라면 처음 잠이 올 때 잠을 자 두고, 황금 시간 90분이 지난 후에 찾아오는 렘수면 때 일어난다. 100분 전후의 짧은 수면이긴 하지만 첫 비렘수면을 확보했기 때문에, 몸에 필요한 최소한의 관리는 정비된 상태가 된다.

밤에 잠이 올 때 잠을 잔다. 이 당연한 일이 가장 중요한 포인트이다.

## 항상성과 일주기 생체리듬이 졸음을 만든다

니시노 세이지 「스탠퍼드 교수가 가르쳐 주는 숙면의 모든 것」(프론스테인, 2020)을 참고하여 수정

깨어 있으면 수면욕이 증가한다.

잠이 들면 수면욕이 사라진다.

밤샘을 하면 수면욕은 계속 올라가는데, 시간대에 따라 졸음의 정도는 달라진다.

항상성
(Homeostasis)
↓

↑
일주기 생체리듬
(Circadian Rhythm)

심부체온은 낮에는 높고, 밤에는 낮아진다.

➡ 하루 주기로 올라갔다가 내려갔다가 한다.

| 각성 | 수면 | 각성 | 밤샘 | 수면 |
|---|---|---|---|---|
| 7 | 23 | 7 | 23    7 | 23    시각 |

## 스탠퍼드식 최고의 선잠 방법!

### 꼭 밤에 해야 할 일이나 공부가 있을 때

**✖** 한밤중을 넘기고 새벽녘에 잔다.

졸리지만 분발해야 할 때!

자고 싶은데 정신이 또렷해서 잠이 안 온다.

한숨도 못 잔 채 아침을 맞는다.

작업                                           종료  취침

| 22 | 0 | 2 | 4 | 6 | 8 | 시각 |

**⬤** 졸리면 100분 정도 짧은 선잠을 잔다.

머리가 맑아진 상태에서 능률 향상!

졸리면 100분 정도 짧은 선잠 ➡ 깊은 비렘수면을 할 수 있다

밤을 새우면서 작업했을 때보다 몸은 관리된 상태

작업     중단 선잠     재개                        종료

| 22 | 0 | 2 | 4 | 6 | 8 | 시각 |

### ✖와 ⬤는 같은 수면시간과 작업 시간이지만, 졸음을 참지 말고 짧은 선잠이라도 자 두는 것이 능률적이다!

# 32 잠들기 직전에 나타나는 수면 금지 구간

**일찍 잠들지 못하는 이유는 자연스러운 몸의 시스템 문제**

낮에 계속 깨어 있으면 수면욕이 상승해 자연스럽게 잠이 온다. 수면욕은 잠들기 직전에 가장 높아지는 것이 당연하다.

그런데 하루를 20분(각성과 수면 1주기)마다 나눠 실시한 수면 실험을 통해 어느 시간대가 입면하기 쉬운지 조사한 결과, 평소 잠자기 2시간 전부터 취침 직전까지가 가장 잠들기 어렵다는 것이 밝혀졌다. 뇌가 잠드는 것을 거부하는 이 시간대를 '포비든 존(Forbidden Zone)'이라고 한다. 말하자면 수면 금지 구간이다(→77쪽 그림).

저녁부터 몰려오는 졸음을 억제하면서 밤까지 활동하기 위해서는 각성력이 작용하기 때문에 수면욕이 높아지는 취침 전에 포비든 존 현상이 강하게 나타난다. 이튿날 아침에 일찍 일어나야 한다고 해서 평소보다 1~2시간 일찍 잠자리에 누워도 잠이 오지 않는 이유는 이러한 포비든 존 타이밍에 잠을 자려고 하기 때문이다.

사실 억지로 일찍 잠을 자려고 애쓰기보다 평소 취침시간에 자고, 빨리 일어나는 편이 수면시간은 짧아져도 잠의 질은 확보할 수 있다.

잠의 질을 확보하기 위해서는 우선 기상 시간을 정해 두자. 아침에 반드시 정해진 시간에 일어나려고 노력하면 잠이 오는 시간도 저절로 정해진다. 취침시간이 정해지면 수면 패턴도 확립되기 때문에 결과적으로 자연스럽게 '황금 시간 90분'이 유도되는 것이다.

## 취침 전 2시간은 오히려 정신이 또렷하다!

하루를 20분마다 나눈 수면 상태의 데이터를 그래프로 나타내면!

20분 중 '13분 깨어 있고 7분 잔다.'
이 7분 동안의 수면시간에
잠이 드는 빈도수를 통해 졸음의 강약을 측정했다(아래 그림의 파란 곡선).

이스라엘 공과대학교 Lavie팀의 연구(1986년)

졸음의 일주기 생체리듬

강 ▲

포비든 존에서는 잠을 자려고 해도
잠이 오지 않는다!

졸음의 강약 (7분 동안 졸음이 나타날 확률)

**포비든 존**
잠자기 2시간 전에는
수면욕 저하

심야의
강한 졸음

오후의
가벼운 졸음

약 ▼

8          16          0          8   시각

매일 오전 0시 정도에 잠이 드는 사람은
22~0시까지 2시간은 잠들기 어렵다.

이 시간대를 '포비든 존'이라 하고,
그 구간을 지나면 갑자기 졸음이 쏟아진다!

잠들기 직전에 나타나는 수면 금지 구간

# 33 자는 힘과 깨는 힘은 같이 움직인다

각성과 수면의 열쇠는 오렉신이 쥐고 있다!

'수면'이라고 하면 보통 밤에 자는 것을 떠올리지만, 낮에 어떤 상태로 깨어 있는지도 중요하다.

사람이 충분히 잠을 자면 낮에 14~16시간 정도는 깨어 있을 수 있다. 그 이유는 '오렉신'이라는 신경 전달 물질의 활약 때문이다.

오렉신의 활동은 일주기 생체리듬에 따라 변동된다. 낮에는 뇌에서 활발하게 활동하고, 밤이 되면서 점점 약해진다. 한밤중에는 수면욕의 활동이 오렉신보다 활발해지면서 잠이 오는 것이다.

필자가 속해 있는 연구팀은 수면 장애인 기면증(Narcolepsy)의 발병 원인이 오렉신 결핍에 있다는 사실을 규명했다. 기면증은 갑자기 참을 수 없이 졸음이 쏟아지는 과다수면증의 일종인데, 사실은 긴 시간 동안 각성을 유지하지 못해 수면발작이 일어나는 것이라고 밝혀냈다(자세한 내용은 100쪽 참조).

실험용 쥐로 오렉신을 만드는 신경세포에 빛 자극을 주거나 억제하는 실험을 해 보니, 잠을 자던 실험용 쥐를 갑자기 깨우는 것은 물론, 잠들게 하는 것도 가능했다.

특정 신경세포에 빛으로 자극하는 것을 통해 깨우거나 재우는 일이 가능하다면 불면으로 고생할 일도 없어지는 것이다. 하지만 안타깝게도 아직 사람에게 적용하는 단계는 아니다. 하지만 빛의 성분이 수면과 각성에 중요한 자극이 되는 것은 사실이다.

# 뇌의 각성을 좌우하는 신경 전달 물질

일어나~

일어나라구!

오렉신·히스타민·노르아드레날린·도파민
각성을 도와주는 신경 전달 물질

## 낮 동안

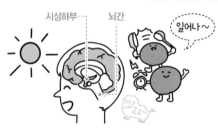

시상하부

뇌간

일어나~

외측 시상하부 영역에 있는 오렉신
신경세포가 시상하부의 뒷부분에 있는
히스타민 신경세포와 뇌간에 있는
노르아드레날린 신경세포, 도파민
신경세포의 활동을 활성화한다.

↓

오렉신이나 히스타민 등이
많아지면서
각성 상태가 유지된다.

## 포비든 존

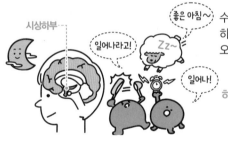

시상하부

좋은 아침~

일어나라고!

Zz~

일어나!

수면욕이 높아지지만, 마치 반항이라도
하듯이 외측 시상하부 영역에 있는
오렉신 신경세포가 강하게 작용한다

수면욕보다 오렉신이나
히스타민 등의 각성 뉴런의 활동이 활
발해지기 때문에
각성 상태가 유지된다.

## 수면 중

시상하부

잘 자~

Zz~

시상하부의 복측과 외측에 있는
GABA 신경세포가 작용해 각성에 관
여하는 오렉신, 히스타민 등의 활동을
억제한다.

↓

수면욕이 더 강해져
수면 상태가 유지된다.

자는 힘과 깨는 힘은 같이 움직인다

# 체온의 변화가 최고의 수면으로 이끈다

졸음을 유도하는 포인트는 심부체온과 피부 온도 차에 있다!

입면이나 기상 때문에 고민하는 사람은 체온에 주목해 보자. 체온은 일주기 생체리듬의 영향을 받기 때문에 하루 동안 올라가거나 떨어지면서 변한다.

일반적으로 사람의 체온은 낮에는 높고 한밤중에는 낮다고 하는데, 이것은 심부체온(몸의 내부 온도)의 변화에만 해당하는 말이다. 피부 온도(몸의 표면 온도)는 완전히 반대여서 낮에는 낮아지고 한밤중에는 높아진다(→81쪽 그림).

또한 각성 시의 심부체온은 건강한 사람이라면 피부 온도보다 최대 2도 정도 높은 상태이다. 심부체온이 36.5도인 사람이라면, 피부 온도는 대략 34.5도이다.

잠이 올 때 손이 따뜻해지는 이유는 입면 전에 손발 끝에 집중돼 있는 모세혈관과 동정맥문합에서 열이 방출되기 때문이다. 즉, 열방산을 통해 심부체온을 떨어뜨리는 것이다. 이때 심부체온은 각성 시보다 0.3도 정도 낮은 36.2도까지 떨어지고, 피부 온도와의 온도 차가 줄어든다.

이처럼 '온도 차가 줄어드는 것'이 입면의 열쇠이다. 졸음은 심부체온이 점점 떨어지면서 강해지는데, 이 설명만으로는 충분하지 않다.

심부체온과 피부 온도와의 차이가 줄어들면 졸음은 더욱 증가해 잠들기 쉬워지고, '황금 시간 90분'도 획득할 수 있게 되는 것이다.

# 심부체온과 피부 온도 차가 줄어들면 잠이 온다!

니시노 세이지, 『스탠퍼드식 최고의 수면법』(북라이프, 2017)을 참고하여 수정

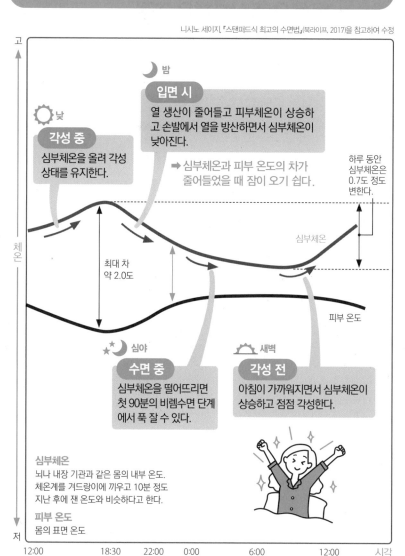

**심부체온과 피부 온도는 완전히 거꾸로 변한다.**
**온도 차가 줄어들면 졸음이 와서 잠들기 쉬워진다.**

## 35 지금 바로 켤 수 있는 **수면 스위치 ❶**
# 목욕으로 심부체온 조절

### 목욕으로 체온을 올리거나 내리거나 줄인다

　　　　양질의 졸음을 유도하는 포인트는 심부체온과 피부 온도의 차를 줄이는 것으로, 가장 효과적인 방법은 '목욕'이다.

　피부 온도는 심부체온과 비교하면 변하기 쉽다. 예를 들어 손은 차가운 물에 닿으면 차가워지고, 따뜻한 물에 담그면 따뜻해진다. 하지만 항상성이 유지된다고 해서 40도의 목욕물에 들어간다고 같은 온도까지 상승하지는 않는다. 고작 0.8~1.2도의 범위에서 올라가는 정도이다.

　한편, 심부체온은 열을 차단하는 근육이나 지방과 같은 조직으로 덮여 있기 때문에 주변의 영향을 별로 받지 않는다.

　그러나 목욕은 심부체온을 확실히 올려 주는 효과가 있다. 실제로 필자 연구팀의 실험에서는 40도의 목욕물에 15분 동안 몸을 담근 후 심부체온을 측정했더니 0.5도 상승했다. 심부체온은 크게 상승하는 만큼 크게 떨어지려는 성질이 있다. 이런 성질 때문에 심부체온과 피부 온도의 차가 줄어들어 잠을 잘 잘 수 있게 되는 것이다.

　0.5도 상승한 심부체온이 원래대로 돌아와 더 떨어지려면 90분 이상의 시간이 필요하다. 즉, 취침 90분 전에 욕조에 들어가 심부체온을 올려두면, 잠을 잘 무렵에는 심부체온이 떨어져 있어서 원활하게 입면할 수 있다 (→ 83쪽 그림).

　목욕할 시간이 없을 때는 족욕이나 양말로 발을 따뜻하게 하는 방법도 있다.

## 수면을 켜는 체온 스위치❶ 취침 90분 전 목욕

오전 0시에 취침하는 사람이 밤을 보내는 가장 좋은 방법

니시노 세이지, 『스탠퍼드식 최고의 수면법』(북라이프, 2017)을 참고하여 수정

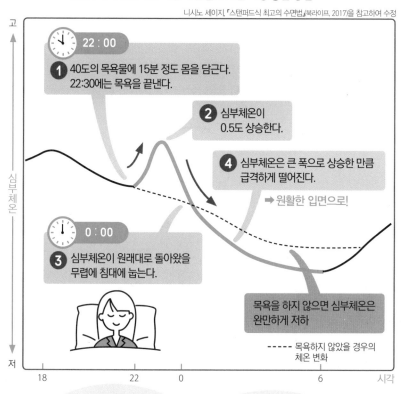

22 : 00

**1** 40도의 목욕물에 15분 정도 몸을 담근다.
22:30에는 목욕을 끝낸다.

**2** 심부체온이
0.5도 상승한다.

**4** 심부체온은 큰 폭으로 상승한 만큼
급격하게 떨어진다.

➡ 원활한 입면으로!

0 : 00

**3** 심부체온이 원래대로 돌아왔을
무렵에 침대에 눕는다.

목욕을 하지 않으면 심부체온은
완만하게 저하

----- 목욕하지 않을 경우의
체온 변화

심부체온 (고 ↔ 저)

18   22   0   6   시각

지금 바로 켤 수 있는 수면 스위치 ❶ 목욕으로 심부체온 조절

### 목욕으로 체온 스위치를 켜는 포인트

● 일시적으로 상승한 심부체온은 큰 폭으로 떨어지려는 성질이 있기
때문에 잠들기 쉬워진다.

● 심부체온이 원래대로 돌아가는 시간까지 포함해 입면 예정 90분 전
에는 목욕을 마친다.

● 취침 직전의 목욕은 심부체온이 완전히 떨어지지 않기 때문에 수면에
방해가 된다.

● 취침까지 90분의 시간적인 여유가 없을 때는 샤워를 하는 편이 좋다.

## 수면을 켜는 체온 스위치❷ 취침 90분 전 족욕

족욕은 발의 혈액순환을 좋게 해 열방산을 증대시킨다!

**좋은 족욕 방법**

- 취침 30~60분 전에 한다.
- 40~42도의 온수를 사용한다.
- 10~15분 정도 담근다.
- 라벤더 등의 정신을 안정시키는 향 입욕용 소금을 사용하는 것도 좋다.

족욕으로 심부체온이 크게 상승하지는 않지만, 열방산이 촉진되는 만큼 심부체온을 효율적으로 떨어뜨릴 수 있다.

❷ 족욕 후 발가락에서 열방산이 효율적으로 이루어지면서 심부체온이 떨어진다.

❸ 피부 온도와의 차가 줄어들어 쾌면으로!

❶ 족욕으로 발가락에 있는 모세혈관의 혈액순환을 촉진한다.

목욕은 심부체온을 크게 상승시켰다가
떨어뜨리는 데 약 90분 정도 걸리는데,
족욕은 더욱 짧은 시간 안에 효율적으로 효과를 얻을 수 있다.

## 수면을 켜는 체온 스위치❸ 취침 전 양말 신기

수족냉증으로 잠을 못 자는 사람은 손발의 모세혈관이 수축한 상태이다.
양말을 벗고 발을 따뜻하게 해서 혈액순환을 좋게 해 주면 열방산이 촉진된다!

**양말을
사용하는 방법**

• 잠자기 1~2시간 전부터 양말을 신고 있는다.

• 너무 딱 맞지 않는 넉넉한 크기의 양말을 신는다.

• 울처럼 천연소재로 된 것을 고른다.

• 스트레칭이나 발 마사지를 하면 혈액순환이 촉진된다!

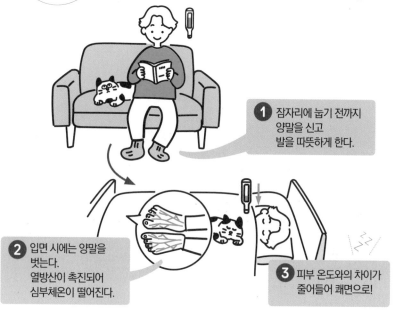

**❶** 잠자리에 눕기 전까지
양말을 신고
발을 따뜻하게 한다.

**❷** 입면 시에는 양말을
벗는다.
열방산이 촉진되어
심부체온이 떨어진다.

**❸** 피부 온도와의 차이가
줄어들어 쾌면으로!

## 잠자기 전에 양말을 벗어 쾌면을 돕자!

**주의!**

양말을 신은 채로 자는 사람도 있는데,

발의 열방산이 방해를 받아 오히려 입면을 방해한다.

양말을 신는 것은 잠자기 직전까지로 해 두자.

지금 바로 켤 수 있는 수면 스위치 ❶ 목욕으로 심부체온 조절

**36** 지금 바로 켤 수 있는 **수면 스위치 ❷**
# 뇌를 수면 모드로 전환하는 단조로움

> 잠들기 전에는 뇌가 쓸데없는 생각을 못하게 한다

뇌에 대한 자극도 잠의 큰 적이다. 고민이나 걱정거리가 있거나, 잠들기 직전까지 일을 하거나, 스마트폰을 보면 뇌의 흥분 상태가 지속되면서 쉽게 잠이 오지 않는다.

실험용 쥐를 익숙한 케이지에서 새 케이지로 옮기면 잠을 잘 자지 못한다는 실험 보고가 있다. 사람도 이와 마찬가지로 환경의 변화가 스트레스가 되어 잠을 못 자는 경우가 종종 있다.

이 밖에도 더위나 추위로 잠을 못 자거나, 밝아서 잠을 못 자거나, 시끄러워서 잠을 못 자는 등 수면을 방해하는 환경적 요인은 다양하다. 더위를 타는 사람이나 추위를 타는 사람이 있는 것처럼 무엇에 강한 자극을 받는지는 사람에 따라 다르다.

뇌는 아주 작은 환경의 변화나 자극에도 반응한다. 잠들기 전에 뇌가 되도록 쓸데없는 생각을 하지 않도록 하는 것이 좋다. 하지만 생각하지 말자고 마음 먹으면 생각이 더 나는 법이다.

한편, 전철에서 창밖으로 익숙한 풍경을 보고 있거나, 어려운 책을 읽거나, 조용한 영화를 볼 때면 왠지 졸음이 밀려온다. 이는 뇌가 단조로운 상황으로 인해 무료해지면서 슬슬 잠이 오는 것이다.

지루함은 일상생활에서는 별로 환영받지 못하지만, 좋은 잠을 위해서는 의미 있는 감정 상태이다.

## 수면을 켜는 스위치 ❶ 긍정 루틴

잠을 잘 때까지 정해진 순서가 있으면, 생각할 일도 줄어들어 잠들기 쉬워진다!
수면에 영향을 미치기 쉬운 시간, 침구, 옷, 빛, 온도, 소리와 같은 루틴(습관)을 정해 두자.

**소리**
음악은 조용하고 단조로운 곡으로

**시간**
규칙적인 시간에

**빛과 온도**
평소와 같은 조명과 실내 온도로

**옷**
익숙한 잠옷을 입고

**침구**
익숙한 침대에서

**주의!**
이미 익숙해져 습관적으로 책을 읽거나
영화를 보다가 잠이 드는 사람은
행동 패턴을 바꾸지 않아도 괜찮다.
단, 액션물 등 자극이 강한 것은
뇌가 쉬지 못하므로 피하는 것이 좋다.

## 수면을 켜는 스위치❷ Sheep을 세기

잠이 잘 오지 않을 때는 영어로 'Sheep, Sheep, Sheep…'이라고 말해 본다.
뇌를 단조로운 상태로 만들 수 있다.

Sheep

Sheep

Sheep

한국어로

양 한 마리…
양 두 마리…

하고 양 숫자를 세는 것은
잠이 오는 효과가 적다.

영어로 'Sheep'은 발음하기 쉽고
숨을 고르는 듯한 울림도 있어서
뇌가 자연스럽게
단조로운 영역으로 들어간다.

### 뇌를 단조롭게 만드는 것들

● 어려운 책　　　● 클래식 음악
● 똑같은 풍경　　● 고전 예능
● 조용한 영화　　● 불멍

**단조롭게 느끼는 대상은 사람마다 다르다.**
**자신에게 맞는 것을 찾아보자.**

## 수면을 켜는 스위치 ❸ 핑크 노이즈(1/f)

| 시계의 초침,<br>모터 소리,<br>메트로놈 | 핑크 노이즈<br>↓ | 공사하는 소리,<br>빗방울 소리,<br>덜컹거리는 문소리 |
| --- | --- | --- |
| 규칙적인 리듬 | | 불규칙한 리듬 |

핑크 노이즈는 예측할 수 없는 불규칙한 흔들림으로
규칙적인 소리와 불규칙한 소리가 조화를 이룬 상태라고도 한다.
핑크 노이즈에 몸을 맡기면 뇌가 편안해지면서 꾸벅꾸벅 졸기 시작한다!

### 주변의 흔한 핑크 노이즈

- 불꽃의 흔들림
- 클래식 음악
- 벌레 소리
- 작은 새가 지저귀는 소리
- 파도 소리
- 나무 사이로 비치는 햇빛
- 시냇물 소리

**생활에 적용해 깊은 잠을 자 보자!**

지금 바로 켤 수 있는 수면 스위치 ❷ 뇌를 수면 모드로 전환하는 단조로움

## 37 지금 바로 켤 수 있는 각성 스위치 ❶
# 생체시계를 리셋하는 햇빛

**아침 햇빛(블루 라이트)을 받아 활동 모드 스위치를 켠다**

생물이 가진 고유한 일주기 생체리듬과 지구의 리듬에는 차이가 있다.

이런 실험이 있었다. 일주기 생체리듬이 하루 23.7시간인 실험용 쥐를 빛이 없는 상태에서 지내게 하자 활동을 시작하는 시간이 매일 조금씩 앞당겨졌고(1일 약 18분), 한 달 후에는 야행성인 실험용 쥐가 낮에 활동하게 되었다. 이와 같이 지구 리듬의 영향을 받지 않고 생체시계만으로 살아가는 상태를 '프리 러닝(Free-Running)'이라고 한다.

인간이 프리 러닝하기 위해서는 태양광(자연광)처럼 시간을 예측할 수 있는 요소를 제거해야 한다. 간혹 전맹 시각장애인 중에 프리 러닝 상태에서 지내는 사람도 있다. 이러한 사실을 통해 빛이 일주기 생체리듬을 조절한다는 것을 알 수 있다.

아침에 햇빛이 눈으로 들어오면 뇌의 시교차상핵에 정보가 전달되고, 일주기 생체리듬을 리셋하라는 지령이 보내진다.

태양광에는 모든 파장의 빛이 대부분 균등하게 들어 있다. 그중에서도 파장이 짧은 자외선에 가까운 블루 라이트(380~500나노미터)는 강한 에너지를 가진 빛이다. 눈 안쪽에 있는 망막까지 전달되기 쉬워 각성에 미치는 영향이 크다고 한다. 특히, 470나노미터의 파장은 잠을 유도하는 멜라토닌 분비를 강하게 억제한다. 따라서 기상 후에 바로 햇빛을 받으면 좋은 것이다. 아침 햇빛은 졸음을 깨워 하루의 시작을 활기차게 해 준다.

## 각성을 켜는 빛 스위치 – 아침 햇빛을 받는다

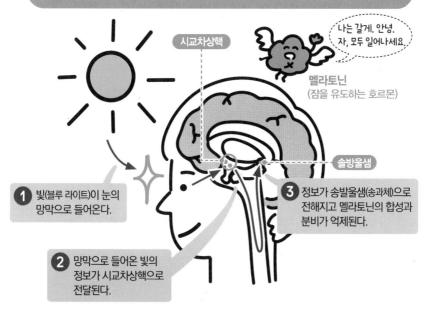

시교차상핵

나는 갈게. 안녕.
자, 모두 일어나세요.

**멜라토닌**
(잠을 유도하는 호르몬)

**1** 빛(블루 라이트)이 눈의 망막으로 들어온다.

**2** 망막으로 들어온 빛의 정보가 시교차상핵으로 전달된다.

솔방울샘

**3** 정보가 송발울샘(송과체)으로 전해지고 멜라토닌의 합성과 분비가 억제된다.

### 잠을 촉진하는 멜라토닌 분비가 감소하면서 생체시계가 리셋된다!

- **아침 햇빛은** 단 몇 분 간이라도 괜찮다.
- **날씨가 나빠도, 햇빛이 보이지 않아도,** 각성에 필요한 빛의 성분은 뇌로 전달된다.

### 자기 전의 블루 라이트는 주의!

멜라토닌 분비는 아침 햇빛을 받아 억제된 후

약 15시간이 지나면 다시 높아지기 시작하면서 잠을 재촉한다.

이 타이밍에 컴퓨터나 휴대폰의 블루 라이트에

장시간 노출되어 있으면 각성 모드가 자극받아

쉽게 잠을 자지 못하게 된다.

지금 바로 켤 수 있는 각성 스위치 ●생체시계를 리셋하는 햇빛

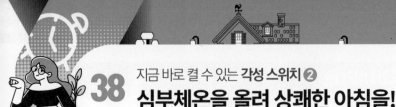

지금 바로 켤 수 있는 **각성 스위치 2**

## 38 심부체온을 올려 상쾌한 아침을!

### 심부체온과 피부 온도와의 차이를 크게 하는 것이 열쇠

잠이 들면 근활동과 대사가 저하되면서 심부체온이 더 많이 떨어진다. 수면 중에는 체내 열이 체외로 방산되면서 심부체온이 낮은 상태로 유지된다.

새벽이 가까워지면 심부체온이 올라가고 각성이 시작된다. 낮에 몸이 활동 모드 상태에 있을 때는 심부체온이 높고 피부 온도와의 차이가 크다.

기상하면 심부체온은 저절로 올라가고, 깨어난 후 침대에서 나와 아침 식사 준비 등의 행동을 바로 개시하면 각성 스위치가 확실하게 켜지면서 심부체온을 더욱 상승시킨다.

또한 심부체온과 피부 온도와의 차이가 줄어들면 졸음이 강해진다는 특성을 역이용해 심부체온과 피부 온도와의 차이를 넓힐 수 있다면 졸음이 사라져 더욱 빨리 뇌를 깨울 수 있다.

예를 들어 차가운 물로 세수를 하면 자극을 주면서 피부 온도를 떨어뜨릴 수 있어서 효과적이다. 한편, 아침 목욕은 주의해야 한다. 목욕으로 심부체온이 올라가기는 하지만, 그 반동으로 한참 후에 체온이 크게 떨어져 오히려 잠이 온다.

아침 각성에는 샤워를 하는 것이 좋다. 심신을 개운하게 만드는 아침 샤워는 잠에서 깨는 좋은 습관이다.

## 각성을 켜는 체온 스위치 – 피부 온도를 떨어뜨린다

**심부체온과 피부 온도와의 차이를 크게 하면 각성 스위치가 켜진다!**

니시노 세이지, 『스탠퍼드식 최고의 수면법』(북라이프, 2017) 을 참고하여 수정

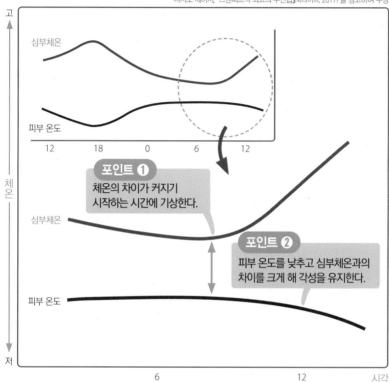

**포인트 ❶**
체온의 차이가 커지기 시작하는 시간에 기상한다.

**포인트 ❷**
피부 온도를 낮추고 심부체온과의 차이를 크게 해 각성을 유지한다.

**체온 차를 크게 하려면**

● 온수가 아닌 찬물로 세수를 한다.

● 주방 일은 차가운 물로 한다.

● 아침 식사를 한다.

● 따뜻한 음료를 마신다.

**위와 같은 방법으로 아침 각성을 더욱 올리자!**

지금 바로 켤 수 있는 각성 스위치 ❷ 심부체온을 올려 상쾌한 아침을!

## 39 지금 바로 켤 수 있는 **각성 스위치 ③**
# 감각 자극은 최고의 알람

눈과 귀, 피부에 잠을 깨는 자극을 준다

알람을 듣고 억지로 일어나면 계속 머리가 멍해서 맑지 않고 졸음과 나른함이 사라지지 않았던 경험이 있을 것이다.

이와 같이 쉽게 각성 상태로 전환하지 못하는 상태를 '수면 관성' 또는 '수면 명정(睡眠酩酊)'이라고 한다. 일어날 타이밍이 좋지 않은 것이 원인이다.

아침에 잠에서 막 깼을 때는 인지 기능이 하루 중 가장 낮다. 활동 중일 때의 최고치와 비교하면 60퍼센트 정도이다. 이때의 뇌파를 측정하면 주파수가 낮은 상태로 눈은 뜨고 있어도 뇌는 잠을 자는 동안과 거의 비슷한 상태가 된다.

뇌간의 상행성 망양체부활계는 섬유가 망처럼 모여 있는 곳으로, 귀와 눈, 피부에서 받은 감각 정보가 전달된다. 상행성 망양체부활계가 망가진 동물이 뇌사 상태가 된다는 것이 밝혀지면서 각성에 관련되는 곳으로 알려지게 되었다.

또한 잠을 자는 동안 구급차나 경찰차의 사이렌 소리가 나거나 불을 켰을 때 바로 눈이 떠지는 것은 상행성 망향체부활계가 자극을 받아 각성되었기 때문이다.

이런 특성을 이용해 아침에 일어나면 바로 눈이나 귀 또는 피부를 통해 상행성 망향체부활계로 감각 자극을 보내보자. 수면 관성이 해소되어 확실하게 잠에서 깰 수 있을 것이다.

## 각성을 켜는 감각 자극 스위치 – 빛·소리·촉각 등

감각자극을
상행성 망향체부활계로
보내면 개운하게 일어날 수 있다!

빛

뇌간

상행성 망향체부활계
소리나 빛, 감각과 같은
감각 자극 정보는 각성과 관계되는
상행성 망향체부활계로 모인다.

감각

소리

## 아침 인지 기능은 밤샘한 다음날보다 낮다!

미국 Wertz팀의 연구조사 (2006년)

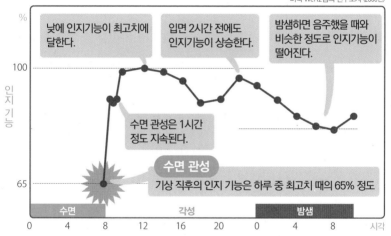

%

낮에 인지기능이 최고치에
달한다.

입면 2시간 전에도
인지기능이 상승한다.

밤샘하면 음주했을 때와
비슷한 정도로 인지기능이
떨어진다.

100

인
지
기
능

수면 관성은 1시간
정도 지속된다.

수면 관성

65

기상 직후의 인지 기능은 하루 중 최고치 때의 65% 정도

| 수면 | 각성 | 밤샘 |

0    4    8    12    16    20    0    4    8    시각

수면 관성으로 인해 잠에서 막 깨면 머리가 멍해지곤 한다.
감각 신경을 자극해 머리를 맑게 해주자!

좋은 수면 자극 방법

● 맨발로 차가운 바닥을 걷는다(피부감각 자극).

● 커튼을 열고 햇빛을 받는다(시각 자극).

● 음악이나 라디오를 켠다(청각 자극).

지금 바로 켤 수 있는 각성 스위치 ❸ 감각 자극은 최고의 알람

**40** 지금 바로 켤 수 있는 **각성 스위치 ④**
# 잘 씹으면 기분 좋게 잠에서 깰 수 있다

## 잘 씹으면 밤낮 균형을 잘 유지할 수 있다

잘 씹어서 아침 식사를 하는 것도 각성에 효과가 있다. 원래는 내장이 활동할 수 있도록 아침 식사 전에 샤워로 몸을 완전히 깨어나게 하는 것이 좋은데, 샤워 전에 아침을 먹어도 에너지가 공급되고 몸이 따뜻해지면서 각성을 촉진시킨다.

각성이라는 측면에서 주목해야 하는 것이 씹는 행위이다. 필자의 연구팀이 실시한 실험을 통해 고형식 먹이를 씹어 먹는 실험용 쥐에게서 밤낮의 균형이 잘 잡힌 수면과 행동 패턴이 나타난다는 사실을 알게 되었다.

반면, 씹지 않고 먹는 분말식 먹이를 준 실험용 쥐는 밤낮의 구분이 없어져 각성 시의 활동량이 감소했다. 잘 씹어 먹으면 저작근을 지배하는 자극이 삼차신경에서 뇌로 전해지면서 수면과 각성의 균형을 잡아 준다.

또한 씹는 행위는 기억에도 영향을 미친다는 사실이 밝혀졌다. 잘 씹는 실험용 쥐의 뇌에서는 기억과 관계가 있는 해마에서 새로운 신경세포가 만들어지는 신경 발생이 많이 나타났다. 반면 씹지 않는 쥐에서는 신경 발생을 거의 확인할 수 없었다.

씹는 행위는 수면이나 각성 리듬과 관계가 있을 뿐만 아니라 수면 중에 강화되는 기억에도 깊은 관련이 있다.

# 각성을 켜는 씹는 스위치 – 아침 식사

아침 식사로 잘 씹을 수 있는 바싹 구운 베이컨이나 뿌리채소를 권한다!
맛은 물론 냄새, 온도, 식감 등 오감을 깨워 균형 잡힌 아침 식사를 먹어 보자.

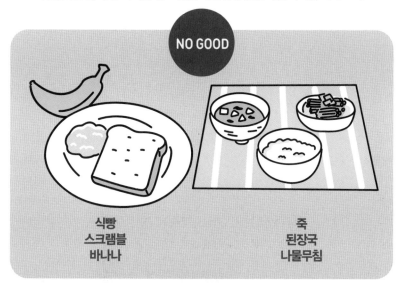

**식빵**
**스크램블**
**바나나**

**죽**
**된장국**
**나물무침**

**베이글**
**바싹 구운 베이컨과 달걀 프라이**
**사과**

**현미밥**
**뿌리채소가 들어간 된장국**
**단무지**

# 41 기상시간은 더 좋은 수면 습관의 열쇠!

일어나는 시간을 일정하게 정해 습관으로 만든다

지금까지 수면과 각성 전환의 스위치를 소개했다. 질 좋은 수면을 얻으려면 생체시계가 정상적으로 기능하는 것은 물론, 활력 있는 주간 활동이 전제되어야 한다.

보통 우리의 몸은 아침이 밝아오면서 각성되고, 낮에는 활동 상태를 유지하다가 밤이 되면 잠이 와서 수면 상태를 이행한다. 본래의 리듬대로 규칙적인 생활을 한다면 심신의 건강을 지킬 수 있다.

그러나 현실적으로는 여러 사정으로 인해 생활 사이클이 흐트러지면서 생체시계 교란이 빈번하게 발생한다.

안정된 생체시계 리듬을 유지하기 위한 포인트는 되도록 취침 시간과 기상 시간을 규칙적으로 만드는 것이다. 원래 생체시계는 뒤로 밀려나기 쉽지만, 앞으로 당기기는 어렵다. 휴일이라고 해서 평소보다 늦은 시간에 자고 늦게 일어나면 겨우 이틀뿐인 주말이라고 해도 월요일 아침에는 일어나기 힘들어진다.

휴일에 푹 자고 싶은 마음이 들 때는 수면 부채가 쌓여 있다는 증거이다. 평일의 수면시간을 늘리도록 노력하자.

이 밖에 생체시계가 안정적으로 작동하는 데 도움이 되는 방법을 정리했다. 평소에 습관으로 만들어 두면 작은 생체시계 교란 정도는 별 문제 없이 조정할 수 있을 것이다.

# 습관으로 만들어 생체시계를 조정하자!

생체시계를 조정하기 위해서는 규칙적인 생활을 하는 것이 가장 중요하다.
규칙적인 생활을 위해 습관으로 만들고 싶은 5가지!

시간

## 습관 ① 가능하면 기상 시간을 일정하게 하자!

생체시계를 앞으로 당기기는 매우 어려운 일이므로 매일 아침 같은 시간에
일어난다. 휴일과 같은 특정한 날에 잠을 많이 잔다고 해서 수면 부채의 근본
적인 문제가 해결되지 않는다. 매일 꾸준히 수면시간을 늘리도록 노력하자.

## 습관 ② 아침에 일어나면 햇빛을 받자!

햇빛에는 생체시계를 리셋하는 효과가 있다.
일어나면 커튼을 걷고 햇빛을 받자.
이와 반대로 자기 전에는 강한 빛에 장시간 노출되지 않도록 하자.
(➡ 90쪽)

## 습관 ③ 아침 식사를 제대로 챙겨 먹자!

아침 식사를 먹으면 생체시계가 리셋된다.
음식물을 잘 씹으면 각성도가 더욱 상승한다.
(➡ 96쪽)

## 습관 ④ 낮에는 활발하게 활동하자!

낮에 활발하게 활동하면 생체시계가 제대로 기능한다.
과도한 운동으로 피로감을 느끼게 하는 것도 밤에 잠을 잘 자는 포인트!
(➡ 116쪽)

## 습관 ⑤ 체온의 변화를 잘 이용하자!

체온이 올라가면 각성하고, 내려가면 잠이
온다는 점을 현명하게 이용해 생활한다.
목욕과 같은 방법을 잘 활용해
체온의 변화를 조절하자.
(➡ 82쪽)

99

기상시간은 더 좋은 수면 습관의 열쇠!

# 갑자기 잠이 들어버리는
# '기면증'의 정체

　　웃거나 좋아하거나 감정적으로 흥분하면 갑자기 온몸에 힘이 빠지면서 탈력 발작이 일어나는 수면 장애가 있다. 바로 140년 전 프랑스에서 처음 보고된 '기면증(Narcolepsy)'이라는 병이다. 기면증 환자는 낮에 강한 졸음이 밀려올 뿐만 아니라 감정으로 유발되는 탈력 증상이 보통과는 달라 심리적 요인인 히스테리와의 관련성을 추측하던 시기도 있었다.

　　1950년대에 렘수면이 발견되고, 기면증 환자에게 렘수면이 입면 초기에 나타난다는 사실을 알게 되었다. 즉, 기면증의 탈력 발작은 렘수면 시의 탈력이 렘수면 때가 아닌 각성 시나 입면 시에 발생하는 것으로 생각하게 되었다. 기면증에서는 입면 시 환각과 수면 마비(가위눌림)도 빈번하게 발생하지만, 이러한 증상도 렘수면의 해리 현상으로 인한 증상으로 이해하게 되었다.

　　기면증의 원인을 규명하는 데 도움이 된 것이 도베르만 견종에서 발견된 기면증 증세와 탈력 발작을 보이는 유전자 조작 실험용 쥐이다. 뇌의 시상하부에는 각성을 유지하고 렘수면을 억제하는 '오렉신'이라는 특수한 신경 전달 물질이 있는데, 이러한 동물 실험을 통해 이 오렉신을 생성하는 신경세포에 문제가 생기면 과수면증과 탈력 발작이 나타난다고 밝혀졌다. 그리고 이 발견을 계기로 2000년에 인간의 기면증에서는 자기 면역의 기저(메커니즘)로 오렉신 신경세포가 후천적으로 탈락한 것이 판명되었다. 140년 전 '수수께끼 졸음병'의 기저가 결국 밝혀진 것이다. 기면증의 근치적 치료로 오렉신 수용체 작동제나 iPS 세포 이식 등이 있는데, 이러한 결핍된 오렉신의 보충 치료법이 앞으로 기대되고 있다.

　　과수면이나 탈력과 같은 증상은 동물로서 종을 존속시키는 데 있어 불리할 수 있다. 그러나 도베르만의 기면증이 후대에도 계속 유지되었다는 점은 동물이나 곤충에서 나타나는 의사 행동(죽은 체해서 포식당하는 것을 피하는 일)처럼 유리한 면도 있지 않을까 하는, 잠시 실없는 생각을 해본다.

**니시노 세이지, 『수면 장애 현대의 국민병을 과학의 힘으로 극복한다』**(가토가와신서, 2020)

# 제 4 장

## 스탠퍼드 대학에서 배운다!
## Q&A 수면 어드바이스

# 42 ⓠ 잠이 잘 오지 않아요
## ⓐ 향 목욕으로 수면 공간을 만들어 본다

### 마음을 편안하게 만드는 향이 잘 준비를 도와준다

향 목욕은 공간을 식물의 향으로 채워 아로마를 즐기는 방법의 하나이다.

예로부터 식물은 상처나 병을 치료하는 데 이용되었다. 이러한 식물이 가진 향의 힘에 주목해 하나의 요법으로 확립된 것이 '아로마테라피'이다. 아로마테라피는 식물에서 추출한 향 성분의 정유(에센셜 오일)를 사용한다.

코로 들어간 향의 정보는 감정이나 기억에 관계하는 뇌의 해마나 편도체를 비롯한 자율신경을 관리하는 시상하부로 보내진다. 잠이 오지 않을 때는 자율신경 중 교감신경이 활성화된 상태이다. 아로마 향으로 부교감신경을 활성화해 균형을 맞춰 주면 마음과 몸이 편안해져 잠이 잘 오게 된다.

해마는 기억에 관련되는 부위로 향이 불러오는 '좋은 기억'이 되살아나면 마음이 저절로 편안해진다. 또한 좋고 싫음을 판단하는 편도체로 전해져 '좋아하는 향'으로 판단되면 기분이 좋아진다.

입면을 위해서는 마음을 안정시키는 향을 고르는 게 포인트이다. 특히, 라벤더 향은 신경을 안정시키는 효과가 크다고 알려져 있다. 자기 전에 진정 효과가 있는 시트러스계의 향과 블렌딩하면 입면 효과가 더욱 커진다.

## 향은 뇌로 전달되어 여러 가지 효과를 발휘한다!

코로 들어간 향의 성분은 전기 신호로 변환되어 뇌로 전달된다.

### 자율신경을 관리하는 시상하부
자율신경의 균형을 잡아 준다.

### 기억에 관여하는 해마
향과 연관되는 '좋은 기억'이 떠오르면 기분이 온화해진다.

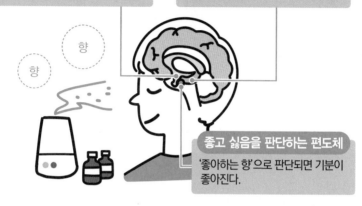

### 좋고 싫음을 판단하는 편도체
'좋아하는 향'으로 판단되면 기분이 좋아진다.

## 향으로 침실을 쾌면 공간으로 만들자

### 아로마 캔들
촛불 '1/f 흔들림'도 더해져 릴랙스 효과가 상승한다.

※ 잘 때 촛불은 꼭 끄기.

### 아로마 미스트
한 번 뿌리기만 해도 아로마 공간이 완성! 릴렉스한 시간을 보내는 데 효과적이다.

### 베개 미스트
베개에 뿌려 사용하기 때문에 취침 중 계속 향을 맡을 수 있다.

### 쾌면으로 유도하는 향

**라벤더**
부드러운 꽃향기. 긴장을 완화해 주고 신경을 안정시킨다.

**스위트 오렌지**
시트러스계의 상쾌한 향기. 기분을 전환해 긍정적으로 만든다.

## 43 ⓠ 누우면 바로 잠을 자고 싶어요

### ⓐ 한 잔 술은 수면에 좋은 벗

알코올에는 뇌의 흥분을 안정시키는 효과가 있다

몸은 피곤한데 잠이 잘 안 온다는 고민을 자주 듣는다.

어떤 오페라 가수는 조금이라도 빨리 잠들기 위해 자기 전에 알코올 도수가 높은 보드카를 스트레이트로 마신다고 한다. 이처럼 잠이 안 오는 밤에 술을 마시는 사람이 많을 것이다.

소량의 술이 잠이 잘 오게 한다는 많은 연구가 있다. 알코올에는 뇌를 흥분시키는 신경 물질의 기능을 억제하고, 뇌를 진정시키는 신경 물질의 기능을 촉진하는 작용이 있다.

그러나 대량의 알코올은 수면의 적이다. 입면은 빨라질지 몰라도 자연스럽게 생겨야 하는 깊은 비렘수면이 나타나지 않고 렘수면도 감소하기 때문이다. 게다가 한밤중에 잠에서 깨기 쉽고, 이뇨 작용으로 요의가 생겨 잠에서 깨거나 탈수가 생기기 쉽다.

또한 알코올은 혀와 목구멍의 근육을 마비시켜 기도를 좁아지게 하여 코를 골거나 무호흡의 원인이 되기도 한다. 잘 때 호흡장애가 있으면 충분한 산소를 공급하지 못해 수면의 질이 떨어질 수밖에 없다.

과음을 하면 한밤중에 잠에서 자주 깨거나 아침에 일찍 일어나게 된다. 잠을 위해 술을 마실 때는 소량으로 마시고 잠이 오면 바로 자는 것이 좋다.

## 과음한 날의 수면은 얕아진다

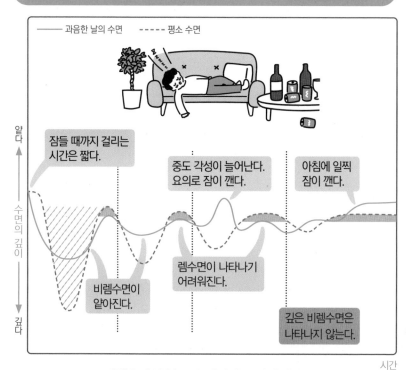

—— 과음한 날의 수면　----- 평소 수면

**얕다**
↑
**수면의 깊이**
↓
**깊다**

잠들 때까지 걸리는
시간은 짧다.

중도 각성이 늘어난다.
요의로 잠이 깬다.

아침에 일찍
잠이 깬다.

비렘수면이
얕아진다.

렘수면이 나타나기
어려워진다.

깊은 비렘수면은
나타나지 않는다.

시간

**비렘수면이 얕고 수면시간도 짧아진다.**

**수면 도중 자주 깨거나
평소보다 빨리 잠에서 깰 경우에는 과음!**

### 취침 전 음주는

● 자기 직전

● 알코올 도수가 강한 것

● 아주 조금만

이 포인트!

## 44

**ⓠ 너무 어두워도 잠이 안 와요**

**ⓐ 난색계 빛은 수면으로 이어 주는 연결 다리**

> 빛의 색에 따라 수면에 대한 작용이 다르다

깊게 잠이 들 때는 감각이 차단되어 빛을 느끼지 못한다. 그러나 얕은 잠일 때는 빛의 자극을 느끼기 때문에 침실을 어둡게 하는 편이 푹 잘 수 있다. 너무 깜깜하면 불안해서 잠이 안 오는 사람은 취침 등의 조명색을 고민해 보자.

빛에는 눈으로 볼 수 있는 가시광선과 자외선이나 적외선처럼 보이지 않는 빛이 있다. 가시광선은 파장이 짧은 보라색(블루 라이트)에서 파장이 긴 빨간색까지 7가지 색으로 나뉜다. 형광등이나 태양광은 7색 전부를 포함하는 흰색의 강한 빛으로, 낮에 햇빛을 받으면 각성을 유지해 하루를 활동적으로 보낼 수 있다.

그러나 저녁 이후에도 계속 빛을 받으면 수면 호르몬인 멜라토닌 분비가 억제되어 입면을 방해한다. 최근 연구에서 망막에 존재하는 '멜라놉신'이라는 빛 수용체가 470나노미터의 파장인 블루 라이트에 반응해 멜라토닌 분비를 억제한다는 것이 밝혀졌다.

입면 시에 조명을 켜 둔다면 파장이 긴 난색계의 빨간빛이 좋다. 난색계의 빛은 생체시계나 멜라토닌 분비에 미치는 영향이 적기 때문이다. 그래서 저녁 이후에 빨간빛의 조명을 켜 두면 수면 모드로 전환할 수 있는 것이다.

잠을 자기 1시간 전에 밝기를 더 줄이면 멜라토닌 분비가 촉진되어 잠이 잘 온다. 취침할 때는 침대 발치에 붉은색 계통의 간접 조명을 약하게 켜 두면 자는 데 도움이 된다.

# 빛의 색을 잘 이용해 쾌면하자!

흰색 빛에는 여러 가지 색이 섞여 있다.
분해하면 다음과 같다.

백색광

빛의 스펙트럼

파장이 짧다

파장이 길다

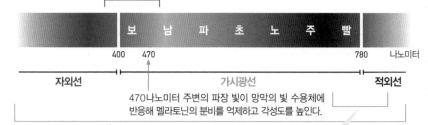

블루 라이트(380~500나노미터)

보 남 파 초 노 주 빨

400  470                    780   나노미터

자외선              가시광선              적외선

470나노미터 주변의 파장 빛이 망막의 빛 수용체에
반응해 멜라토닌의 분비를 억제하고 각성도를 높인다.

## 흰색 빛

• 모든 빛의 파장이 균일하게 들어
  있는 투명한 빛. 블루 라이트도
  백색광에 포함된다.
• 태양광이나 형광등과 같은 '백색
  광'은 눈이 부셔 밤의 조명으로
  적당하지 않다.
• 특히, 백색광에 들어 있는 블루
  라이트의 자극을 받으면 뇌는 아
  침으로 판단한다.

## 난색 계통의 붉은색을 띤 빛

• 밤의 조명으로 적당하다.
• 블루 라이트의 양이 줄어들면 뇌가 밤으로 판단해
  멜라닌의 분비가 활발해지면서 잠이 온다.
• 천장 조명은 눈으로 직접 들어오기 쉬워 수면에
  방해가 될 수 있으므로 주의!
  ☑ 촛불
  ☑ 붉은색을 띤 간접 조명
  을 침대 근처에 두는 것을 추천!

## 45

**Q** 아무리 잠을 자도 피로가 풀리지 않아요

**A** 통기성 좋은 침구가 쾌적한 수면의 지름길

바닥에 까는 최적의 요는 '고반발 신소재 매트리스'

잠을 자도 피로가 풀리지 않는다는 것은 침구가 몸에 맞지 않아서일 수도 있다.

침구에서 중요한 것은 바닥에 까는 이불 패드이다. 패드는 취침 중 몸을 지지해 주고 잠자리 온도와 습도를 쾌적하게 유지해 준다.

최근에는 저반발이나 고반발 매트리스가 주목을 받고 있는데, 각각 특징이 있다.

필자가 침구 제조 회사인 에어위브(Airweave) 사의 의뢰를 받아 신소재 고반발 매트리스를 조사해 본 결과, 통기성이 좋은 고반발 매트리스는 입면 직후부터 심부체온이 원활하게 내려가고 그 상태가 4시간 지속되었다(→ 109쪽 그림). 잠들기 시작하는 깊은 비렘수면이 많이 나타난다는 것도 확인할 수 있었다.

반면, 저반발 우레탄 매트리스는 심부체온의 저하가 1시간도 지속되지 못하다가 수면 중 한 차례 올라갔다. 매트리스와 몸이 밀착해서 열을 배출하지 못하기 때문으로 보인다.

이런 결과를 통해 몸이 너무 밀착하지도 않고 통기성이 좋은 고반발 매트리스가 원활한 열 배출로 심부체온을 쉽게 떨어뜨려 질 좋은 수면을 가져온다는 것을 알 수 있었다.

통기성의 중요성은 바닥에 까는 패드만이 아닌 다른 침구도 마찬가지이다. 뇌의 온도는 심부체온과 마찬가지로 수면 중에 떨어지기 때문에 특히 베개는 통기성을 생각해서 골라야 한다(→ 109쪽).

## 매트리스의 단단함 정도에 따라 통기성이 달라진다!

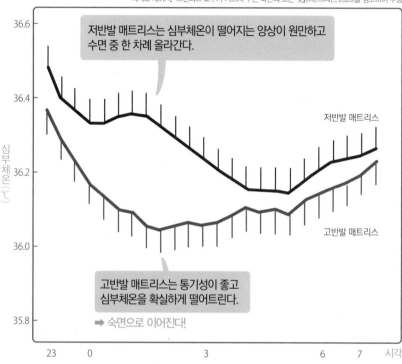

니시노 세이지, 『스탠퍼드 교수가 가르쳐 주는 숙면의 모든 것』(프론스테인. 2020)을 참고하여 수정

저반발 매트리스는 심부체온이 떨어지는 양상이 원만하고 수면 중 한 차례 올라간다.

저반발 매트리스

고반발 매트리스

고반발 매트리스는 통기성이 좋고 심부체온을 확실하게 떨어트린다.

➡ 숙면으로 이어진다!

**고반발 매트리스가 통기성이 좋고 숙면하기 쉽다!**

이불 패드

잠옷

덮는 이불

베개

필자가 개발한 일본 침구 제조 회사 브레인 슬립(BRAIN SLEEP) 사의 신소재로 뇌와 몸을 쉬게 하는 뇌면(腦眠) 베개는 머리에 딱 맞는 편안함은 물론 통기성도 좋아 뇌의 온도를 확실하게 떨어뜨린다.

**이불 패드뿐만 아니라, 베개나 덮는 이불도 통기성을 고려해 고르자.**

## 46

@ 뇌를 더 많이 쉬게 하고 싶어요

# A 열 배출이 좋은 베개가 해결책

통기성이 좋은 베개는 머리를 효율적으로 식혀 준다

수면에는 낮의 활동으로 흥분 상태인 뇌를 쉬게 하는 역할이 있다. 뇌의 온도는 뇌가 활동적일 때 상승하지만, 심부체온과 마찬가지로 취침 중에는 떨어진다.

쾌적한 입면을 촉진하기 위해서는 '두한족열'이라는 말을 기억하고 우선 머리를 식히자. 뇌의 온도를 떨어뜨리는 방법은 심부체온을 떨어뜨리는 방법과 같다. 뇌의 온도도 떨어트리면 심부체온만 저하시킬 때보다 확실한 휴식을 취할 수 있다.

또한 잠잘 때 몸이 피곤해지지 않고 쓸데없이 힘이 들어가지 않는 자세를 알아 두는 것도 중요하다. 이족보행을 하는 인간의 머리는 무겁고, 활동할 때는 목에서 밑을 향해 수직으로 무게가 실린다. 취침할 때는 몸에 부담을 주지 않기 위해 베개로 머리를 지지할 필요가 있다.

베개를 고를 때는 머리를 올렸을 때의 안정감, 꺼지는 정도, 몸을 뒤척일 때 방해를 받지 않는지 등을 확인하자.

베개가 목과 머리의 형태에 제대로 맞지 않으면 몸에 통증이 생기기 쉽고 수면이 얕아진다. 수면 중에는 많은 경우 20~30번 정도 몸을 뒤척이기 때문에 방해받지 않고 뒤척일 수 있도록 베개의 양 끝이 살짝 높은 것이 좋다.

그러나 목이나 머리와 베개 모양이 너무 딱 맞으면 열 배출이 어려워지므로 통기성도 고려해야 한다. 고밀도 우레탄은 열을 저장하기 쉽고 오리털이나 면은 온도가 균일하지 않으므로 좋다고 할 수 없다.

## 뇌를 식히는 '최고의 베개'를 고르는 3가지 포인트

 **뇌를 식히는 소재**

- 메시 소재
- 메밀껍질
- 바이오칩 등

**통기성 좋은 소재를 추천!**

 **머리와 목에 딱 맞는 느낌**

- 몸을 뒤척이기 편하고, 조금 단단하면서 양 끝이 살짝 높은 모양
- 잘 때 자세나 몸을 뒤척일 때 알맞은 크기
- 기도를 좁히지 않고 자신의 머리와 목 높이에 맞는 것

**사용할 때마다 머리와 목에 맞춰 모양이 변하는 소재도 있다!**
**베개를 고를 때 고민이 된다면 맞춤 제작도 방법 중 하나!**

 **청결하게 유지**

- 손빨래나 햇볕에 말릴 수 있는 제품
- 제균 스프레이 사용

**진드기나 곰팡이, 냄새는 쾌면의 적!**

뇌를 더 많이 쉬게 하고 싶어요 ─ 열 배출이 좋은 베개가 해결책

## 47 ⓠ 그루잠을 자요

### ⓐ 알람을 두 번 맞춰 상쾌한 아침을!

20분 간격으로 알람을 맞춰 기상을 위한 여백을 만든다

'한 번의 알람으로는 일어나지 못한다', '그루잠(깨었다가 다시 든 잠)을 잔다', '자고 일어나도 개운하지 않다' 등 아침에 상쾌하게 일어나지 못해 고민인 사람이 많다.

상쾌한 아침을 맞이하려면 렘수면 때나 그 전후에 일어나는 것이 가장 좋다. 그 최고의 시간대를 놓치지 않으려면 알람을 두 번으로 나눠 설정해 두면 도움이 된다.

첫 번째는 '아주 약한 소리로 짧게' 알람을 설정한다. 렘수면일 때는 각성하기 쉽다. 따라서 이 희미한 알람 소리에도 일어날 수 있다면 렘수면의 타이밍에 잘 맞춘 것이라서 기분 좋게 잠에서 깰 수 있다.

두 번째는 첫 번째 알람에 일어나지 못할 때를 대비해 설정해 두는 알람이다. 첫 번째 알람과 20분의 간격을 두고 '기본 소리'로 설정한다.

첫 번째 알람 때 깊은 비렘수면 중이어서 일어나지 못했다면 20분 후에는 렘수면이나 얕은 비렘수면 상태일 확률이 높으므로 두 번째 알람에서 일어나면 된다.

첫 번째와 두 번째의 알람 간격 20분을 '기상을 위한 여백'이라고 한다. 새벽녘에는 렘수면이 자주 나타나면서 이 여백이 길어진다.

'기상을 위한 여백'을 이용한 2단계 알람을 활용하면 깨어나기 쉬운 타이밍에 일어나 상쾌한 아침을 맞이할 수 있다.

## 상쾌한 아침을 맞이하는 알람 설정 방법 2단계

오전 7시에 일어나고 싶을 때

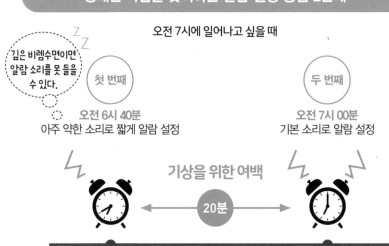

깊은 비렘수면이면 알람 소리를 못 들을 수 있다.

첫 번째
오전 6시 40분
아주 약한 소리로 짧게 알람 설정

두 번째
오전 7시 00분
기본 소리로 알람 설정

기상을 위한 여백

20분

기상 예정 시각

높은 확률로 한쪽은 렘수면이거나 그 전후!

아침 5~7시 사이에는 렘수면이 많아지는 시간대.
이 시간대에 2단계로 알람을 설정해 두면
개운하게 일어날 확률이 높아진다!

**주의!**

간격이 짧은 '스누즈 기능'은 사용하지 않도록 하자.
비렘수면 상태에서 첫 번째 알람으로 일어나지 못했을 때
짧은 간격으로 반복해서 울리는 스누즈 기능을 사용하면
비렘수면 중에 자꾸 잠에서 깨게 된다.
당연히 일어났을 때 개운하지 않다.

그루잠을 자요 – 알람을 두 번 맞춰 상쾌한 아침을!

## **48** ⓠ 하루를 개운하게 보내고 싶어요
# ⓐ 커피 한잔으로 각성 한 단계 업!

### 졸음을 촉진하는 아데노신 활동을 카페인이 방해한다

커피 등에 함유된 카페인에는 신경 전달 물질의 작동을 방해하는 작용을 하는 '아데노신'이 있다. 아데노신은 수면 물질 중 하나로, 각성 작용이 있는 히스타민 등을 억제해 수면을 촉진하는 물질이다.

카페인은 아데노신의 활동을 방해해 히스타민이 방출되기 쉽게 만들어 뇌를 각성하게 한다. 또한 카페인은 대사를 올리거나 혈행을 촉진하기도 한다.

모닝커피는 잠을 깨는 데 효과적이다. 이야기를 나누면서 마시면 대화로 인한 자극도 더해져 시너지 효과까지 생긴다.

집에서 느긋하게 커피 마실 시간을 만들지 못할 때는 자판기 커피로 대신하지 말고, 테이크아웃 커피를 권한다. 주문할 때 나눈 잠깐의 대화가 자극을 주면서 각성도를 더욱 높일 수 있다.

반면, 자기 전 카페인 섭취에는 주의가 필요하다. 실제로 취침 1시간 전과 3시간 전에 카페인이 들어간 커피 한 잔씩 마시면 잠이 들 때까지 걸리는 시간이 10분 정도 길어지고, 수면시간은 30분 정도 짧아진다는 연구 보고가 있다.

혈액 속에 녹아 있는 카페인 농도가 절반으로 감소하는 데는 4시간 정도 걸린다. 자기 전에 커피가 마시고 싶을 때는 디카페인 커피를 마시는 것이 좋다.

## 추천하는 커피 타임

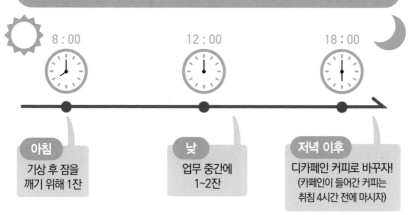

| 8 : 00 | 12 : 00 | 18 : 00 |
|---|---|---|

**아침**
기상 후 잠을
깨기 위해 1잔

**낮**
업무 중간에
1~2잔

**저녁 이후**
디카페인 커피로 바꾸자!
(카페인이 들어간 커피는
취침 4시간 전에 마시자)

누군가와 수다를 떨면서 커피를 마시면
대화로 받은 자극이 긍정적인 효과로 작용해 각성 상태가 더욱 향상된다.

## 카페인 섭취량 주의!

카페인 섭취량 기준
### 성인은 하루 약 400밀리그램까지
괜찮다.

※ 유럽 연합 식품 안전 정책(EFSA)의 견해(2015년)

커피 1잔의 카페인 함유량
100~120밀리그램

하루에 3~4잔 정도가 적당한 섭취량!

카페인은 커피 외에도 홍차나 녹차, 말차, 자양강장제,
카카오가 원료인 초콜릿이나 코코아 등에도 함유되어 있다.
지나친 섭취는 금물!

## 49 ⓠ 잠이 얕아 수면이 부족해요
# ⓐ 운동하는 습관은 숙면의 시작

운동 습관을 만들어 수면의 질을 개선한다

운동한 날은 기분 좋은 피로감으로 깊은 잠을 잘 수 있다. 운동으로 수면을 개선하는 열쇠는 체온 변화나 면역세포에서 분비된 단백질의 일종인 사이토카인 생산에 있다고 한다.

적당한 운동을 하면 목욕 효과(→ 82쪽)와 마찬가지로 심부체온이 크게 올라갔다가 떨어지는 작용을 해서 피부 온도와의 차이가 줄어들어 잠이 온다.

예를 들어 저녁 무렵에 몸을 움직이면 침대에 누울 시간에는 일단 올라간 심부체온이 크게 떨어지면서 잠이 잘 온다. 쾌면을 위해서는 운동을 습관으로 만드는 것이 좋다.

해외 연구 보고에 정기적으로 운동을 지속하면 잠이 잘 온다는 결과가 있다. 그뿐만 아니라 첫 깊은 비렘수면이 증가하고 도중에 잠에서 깨는 일이 감소해 전체 수면시간이 길어져 수면의 질이 개선되었다(→ 117쪽).

하지만 근육통이 생길 정도의 운동은 오히려 수면에 방해가 되기도 한다. 대화를 하면서 할 수 있는 달리기나 걷기 등 부담이 적은 가벼운 유산소 운동이 적당하다.

일주일에 2~3번 이상 운동하는 습관을 들이면 수면의 리듬도 점점 안정될 것이다. 더욱 질 좋은 쾌면 생활을 하고 싶은 사람은 취침 3시간 전까지 달리기 등 적당하게 땀을 흘리는 운동 습관을 가져 보자.

## 운동 습관으로 수면을 개선한다!

하루만 운동한 사람과 습관적으로 운동하는 사람을 비교한 결과

미국 켄저스 주립대학교 Kubiz팀의 연구(1996년)

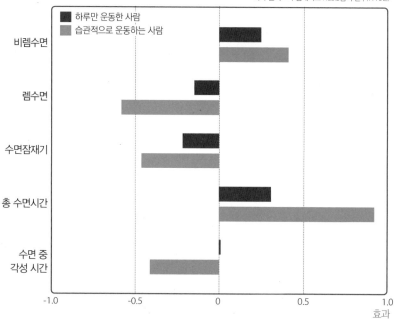

■ 하루만 운동한 사람
■ 습관적으로 운동하는 사람

비렘수면
렘수면
수면잠재기
총 수면시간
수면 중 각성 시간

-1.0    -0.5    0    0.5    1.0
효과

### 습관적으로 운동을 하면,

- 비렘수면이 늘어난다.
- 수면 중에 깨는 일이 줄어든다.
- 잠을 잘 잔다.
- 전체 수면시간이 길어진다.

### 등 좋은 효과가 많다!

쾌면을 위한 운동 포인트

● 주 2~3번, 취침 3시간 전까지 운동한다.
● 달리기나 걷기 등의 부담이 적은 가벼운 유산소 운동을 한다.
● 대화를 하거나 경치를 즐기면서 운동을 한다.

117

잠이 얕아 수면이 부족해요 – 운동하는 습관은 숙면의 시작

# 50

**Q** 평소 식사로 수면을 개선하고 싶어요

**A 차가운 토마토로 수면 모드!**

**몸의 열을 식혀 주는 음식으로 심부체온을 떨어뜨린다**

먹고 바로 자는 것은 좋지 않다고 한다. 식후 2~3시간이 지나지 않으면 취침 중에 위장이 활발하게 움직여 수면의 질이 떨어지기 때문이다.

그러나 위가 비어 있는 상태로 자는 것도 좋지 않다. 저녁 식사를 거르면 몸은 굶주린 상태가 된다. 배고픔 때문에 스트레스를 느껴 뇌에서 '오렉신'이라는 각성 물질이 분비된다. 오렉신이 증가하면 교감신경이 활발해질 뿐만 아니라 오렉신 자체가 각성 작용과 식욕 증진 작용을 일으켜서 수면까지 방해를 받는다.

과거 스탠퍼드 대학교에서 학생을 피험자로 한 수면 실험 중 흥미로운 행동이 나타났다. 실험이 한창 진행되던 도중 학생들이 공복을 호소하며 밤에 마트로 식료품을 사러 나간 것이다. 밤늦게까지 깨어 있던 것이 원인으로, 오렉신의 분비량이 증가해 식욕을 증진했기 때문인 것으로 보인다.

자기 직전 식사나 또는 저녁을 거르는 일은 수면에 좋지 않다. 일이 있어서 이른 시간에 저녁을 먹지 못할 때는 소화 흡수에 시간이 걸리는 단백질이나 지방을 피해 가볍게 먹는 편이 좋다. 추천하는 식재료는 심부체온을 떨어뜨리는 차가운 토마토나 오이와 같은 여름 채소이다.

그러나 배가 너무 차가워지지 않도록 저녁 식사를 하는 시간대에 따라 양과 메뉴를 조정하자.

# 저녁 식사는 몸의 열을 식혀 주는 것으로!

## 몸의 열을 식혀 주는 식재료
수분이 있는 채소나 과일에 많고 불필요한 열을 식히는 데 도움이 된다.

**채소류** | 토마토, 오이, 가지, 피망, 오크라* 등

* 채소의 한 종류인 오크라는 아열대 채소로 여자 손가락 모양과 비슷하다 하여 '레이디핑거'라고도 불린다.

**열대과일** | 바나나, 키위, 망고, 귤, 파인애플 등

**음료수** | 보리차, 화이트와인, 우유 등

메밀면이나 곤약도 몸의 열을 식혀 주는 식재료!
차가운 음료수나 요리를 먹는 것도 효과적인 방법!

**NG!** 잘 때까지 충분한 시간이 없을 때는
소화하는 데 시간이 걸리는 단백질이나 지방은 피하자.

# 51 @ 낮에 쏟아지는 졸음을 이겨내고 싶어요
## A 파워냅은 졸린 오후의 구세주

### 오후 이른 시간에 20분 정도 한숨 잔다

점심을 먹든 안 먹든 14시 정도가 되면 졸리는 시간대(식곤증)라서 졸음을 쫓기보다는 그냥 잠을 자는 편이 좋다고 한다.

스페인의 시에스타와 같이 낮잠 습관이 정착된 지역도 있다.

생산성을 올릴 목적으로 짧은 시간 한숨 자는 것을 '파워냅(Power Nap, 낮잠)'이라고 하며, 세계적인 기업에서 적극적으로 도입하고 있다.

어떤 실험에서 며칠 동안 계속 깨어 있어도 12시간마다 2시간 잠을 자면 업무 능력이 향상된다는 사실이 입증되었다. 평소 생활 속에서 2시간의 낮잠은 비현실적이지만, 하루에 20분 정도의 잠으로도 어느 정도 효과를 얻을 수 있다는 사실도 밝혀졌다.

그러나 30분 이상 자는 것은 피해야 한다. 잠이 깊어지면 수면 관성이 생겨 깨어난 후에 집중력이 떨어진다. 또한 아이들에게 많이 나타나는 현상으로 저녁때 잠이 들면 밤에 수면욕이 올라가지 않아 밤늦게까지 잠을 자지 못하기도 한다. 그렇더라도 수면이 부족한 어른은 가능하면 한숨 자도록 하자.

일본 후생노동성의 「건강을 기르기 위한 수면 지침 2014」에도 오후 이른 시간에 30분 이내로 짧은 낮잠을 자는 것이 바람직하다고 한다. 낮잠은 20분 정도가 적당하다.

# 낮잠의 효과는 어느 정도인가?

13명의 피험자를 대상으로(최장 약 90시간) 계속 깨어 있는 상태에서
태블릿 화면에 나타나는 도형에 대한 반응을 측정했다!

'화면에 둥근 도형이 나타나면 버튼을 누른다'
이때 반응 시간과 실수 횟수를 측정해 데이터를 만들었다.

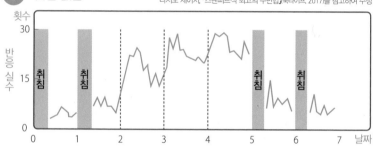

같은 피험자의 **①** 낮잠 없음  **②** 12시간마다 2시간씩 낮잠을 잠  의 경우

**①** **낮잠 없음**

니시노 세이지, 『스탠퍼드식 최고의 수면법』(북라이프, 2017)을 참고하여 수정

**반응은 느려지고 하루 동안의 변동은 있지만,
실수 횟수가 점점 증가한다!**

**②** **12시간마다 2시간씩 낮잠을 잠**

**낮잠에서 깨어난 직후에는 둔하지만,
서서히 반응이 원래대로 돌아오고 실수도 감소한다!**

# 52 ⓠ하루에 필요한 수면시간을 못 채워요
## ⓐ바쁜 현대인에게 분할 수면이 도움이 된다?!

### 잠을 나눠 자도 된다고 편하게 생각한다

불면증이 있는 사람이나 고령자 등 한밤중에 잠이 깨서 쭉 긴 잠을 자지 못하기도 한다. 예를 들어 2시간 자고 일어난 후 다시 4시간 잠을 잤을 때 6시간 잤다고 생각해도 되는 것일까?

잠을 쪼개 자는 것을 '분할 수면'이라고 한다. 긴 시간 쭉 자는 것과 비교해서 질이 좋은 수면이라고는 할 수 없다. 그러나 잘 활용하면 분할 수면도 피로 회복에 도움이 된다.

왜냐하면 분할해서 수면해도 깊은 비렘수면만 있으면 수면의 중요한 기능은 달성되기 때문에 생기를 되찾아 건강하게 생활할 수 있다.

교대 근무 등으로 매일 같은 시간대에 잠을 자지 못하는 사람들에게 분할 수면은 본인의 생활 사이클에 맞춰 조절할 수 있어 응용하기 쉬울 수 있다. 예를 들어, 일본의 방송인이자 작가인 구로야나기 데스코는 분할 수면을 실천하는 사람으로 유명하다.

과거에는 인간도 다른 포유동물과 마찬가지로 하루에 몇 번이나 잠을 자는 '다상수면(Polyphasic Sleep)'이 기본이었다.

하지만 농경 생활을 통해 거주지에서 낮에 활동하고 밤에 잠을 자는 생활이 정착되면서 야간에 6~8시간 동안 쭉 잠을 자게 된 것이다.

따라서 쭉 긴 잠을 자지 못한다고 너무 신경 쓸 필요가 없다. 분할 수면이라도 깊은 잠을 잘 수 있다면 괜찮다.

# 분할 수면에는 여러 가지 방법이 있다

■ 수면  ■ 각성  다상수면협회가 제시한 자료에 따른 분류

## 이상성 슬립(Biphasic Sleep)

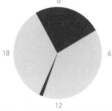

점심 식사 후 20분 정도 낮잠을 자는 분할 수면.
스페인의 도심을 벗어나면,
지금도 이 풍습이 남아 있다.

## 에브리맨 슬립(Everyman Sleep)

밤에 3시간 반 자고 낮에 3번으로 나눠
20분 정도 낮잠을 자면서 자주 졸음을
해소하는 방법. 총 수면시간은 4.5시간

## 우버맨 슬립(Uberman sleep)

하루에 6번으로 나눠
20분간 낮잠을 자고 생활하는 분할 수면.
우버맨(초인)과 같은 수면 스타일

## 다이맥시언 슬립(Dymaxion sleep)

하루에 4번으로 나눠
30분간 낮잠을 자는 분할 수면.
미국의 발명가 버크민스터 풀러가 고안

# 필요하다면 분할 수면을 활용해 보자

■ 수면  ■ 근무시간    밤 22시부터 아침 6시까지 야간 근무를 하는 사람이라면!

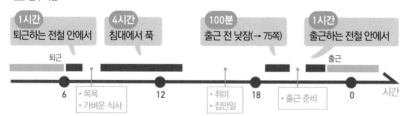

**1시간** 퇴근하는 전철 안에서　　**4시간** 침대에서 푹　　**100분** 출근 전 낮잠(→ 75쪽)　　**1시간** 출근하는 전철 안에서

## 자신에게 맞는 분할 수면 방법을 찾아 각성 시간을 늘리자.
## 그러나 모든 사람에게 권장하지는 않으므로 실행할 때 주의가 필요!

## 53 ⓠ 불안해서 잠을 못 자요
### ⓐ 인지행동 치료법은 최신 수면 개선법

쾌면을 멀리하는 '인지'와 '행동'을 개선한다

불면에는 심리적인 요인도 영향이 크다. '잠이 안 온다'라는 생각이 들기 시작하면 더 잠을 못 자게 된다. 그래도 되도록 수면제에 의존하고 싶지 않은 사람은 인지행동 치료법을 시도해 보자.

인지행동 치료법은 잘못된 사고의 습관(인지)을 수정하거나 나쁜 생활 습관(행동)을 개선하는 것으로, 불안한 마음이나 부정적인 감정이 커지지 않도록 하는 정신 치료이다.

불면으로 고민하는 사람일수록 졸리지 않은데도 이불 속으로 들어가 잠을 자려다 보니 계속 '잠이 안 온다'라고 생각하게 된다. 자신도 모르는 사이 쾌면과 멀어지는 행동을 하는 것이다.

이런 사람들은 성격이 섬세하고 감정을 잘 표현하지 못하는 경향이 있다.

그래서 수면 전문 치료사의 조언을 받아 수면에 대한 정확한 지식을 배우고 이해의 폭을 넓혀 (인지) 행동 패턴을 개선하는 방법을 찾아가는 것이다. 잠자리가 '잠이 오지 않아 괴로운 곳'이 아닌 '잠이 잘 오는 편안한 공간'으로 느낄 수 있게 인지와 행동을 바꾸는 것이다.

인지행동 치료법은 약처럼 즉효성은 없지만, 부작용이나 의존성의 걱정이 없기 때문에 안심하고 치료할 수 있다. 그러나 일본에서는 아직 수면 전문 치료사가 적고, 보험도 적용이 되지 않다 보니 현재는 많이 보급되지 않은 상태이다.

## 잠이 오지 않을 때는 침대에서 나온다

불면증으로 고민하는 사람은 '잠이 안 와', '자야 해!'와 같은 불안에 빠지기 쉽다.

잠을 자지 못하는 상태로 긴 시간을
잠자리에서 보내는 일이 많다.

무의식중에
잠자리가 '잠이 오지 않아 괴로운 곳'으로
생각하게 되면서
잠자리에 들어가기만 해도 불안해서
안절부절하지 못한다.

**점점 더 잠을 못 잔다.**

자신을 불안하고 부정적인 상태로 만드는
잘못된 사고 습관(인지)과 나쁜 습관(행동)을 개선한다.

● 잠이 올 때까지 잠자리에 들어가지 않는다.

● 10분 정도 지나도 잠이 오지 않을 때는 일단 잠자리에서 나온다.

● 한밤중에 잠이 깼는데 바로 잠이 오지 않을 때는 일단 잠자리에서 나온다.

● 잠자리에서 독서나 식사를 하지 말고, 몸이 잠만 자는 장소로 기억하게 한다.

● 낮잠을 자지 말고, 밤에 잠을 자는 습관을 만든다.

**잠자리가 '잠이 오지 않아 괴로운 곳'에서
'잠이 잘 오는 편안한 공간'으로 바뀐다!**

# 제1장 자랑하고 싶은 최신 수면 상식

- 니시노 세이지, 오사다 야스다카, 「수면과 면역 기능」, 안티에이징 의학, 2020;16(3): 38–43.
- 니시노 세이지, 『스탠퍼드식 최고의 수면법』, 북라이프, 2017.
- Why Sleep Matters: Quantifying the Economic Costs of Insufficient Sleep. https://www.rand.org/randeurope/research/projects/the-value-of-the-sleep-economy.html.
- Mah CD, Mah KE, Kezirian EJ, Dement WC. The effects of sleep extension on the athletic performance of collegiate basketball players. Sleep 2011; 34(7): 943–50.
- Kripke DF, Garfinkel L, Wingard DL, Klauber MR, Marler MR. Mortality associated with sleep duration and insomnia. Arch Gen Psychiatry 2002; 59(2): 131–6.
- 니시노 세이지, 「수면 부채의 개념은 어떻게 만들어졌을까」, 수면의료, 2018; 12: 291–8.
- Saxena AD, George CF. Sleep and motor performance in on-call internal medicine residents. Sleep 2005; 28(11): 1386–91.
- Lavie P. Ultrashort sleep-waking schedule. III. 'Gates' and 'forbidden zones' for sleep. Electroencephalogr Clin Neurophysiol 1986; 63(5): 414–25.
- Chiba S, Yagi T, Ozone M, et al. High rebound mattress toppers facilitate core body temperature drop and enhance deep sleep in the initial phase of nocturnal sleep. PLoS One 2018; 13(6): e0197521.
- 니시노 세이지, 「수면 장애 현대의 국민병을 과학의 힘으로 극복한다」, 가토가와신서, 2020.
- Stephan K, Dorow R. Circadian Core Body Temperature, Psychomotor Performance and Subjective Ratings of Fatigue in Morning and Evening 'Types'. Circadian Rhythms in the Central Nervous System Satellite Symposia of the IUPHAR 9th International Congress of Pharmacology London: Palgrave Macmillan; 1985.
- Späth-Schwalbe E, T S, Kern W, Fehm HL, Born J. Nocturnal adrenocorticotropin and cortisol secretion depends on sleep duration and decreases in association with spontaneous awakening in the morning. Clin Endocrinol Metab 1992; 75(6): 1431–5.

# 제2장 지금까지 밝혀진 수면 과학의 메커니즘

- 니시노 세이지, 『스탠퍼드식 최고의 수면법』, 북라이프, 2017.
- Van Coevorden A, Mockel J, Laurent E, et al. Neuroendocrine rhythms and sleep in aging men. Am J Physiol 1991; 260: E651–61.
- 니시노 세이지, 「수면 장애 현대의 국민병을 과학의 힘으로 극복한다」, 가토가와신서, 2020.
- Iliff JJ, Wang M, Liao Y, et al. A paravascular pathway facilitates CSF flow through the brain parenchyma and the clearance of interstitial solutes, including amyloid beta. Sci Transl Med 2012; 4(147): 147ra11.
- Kang JE, Lim MM, Bateman RJ, et al. Amyloid-$\beta$ dynamics are regulated by orexin and the sleep-wake cycle. Science 2009; 326(5955): 1005–7.
- 니시노 세이지, 「수면 부채의 개념은 어떻게 만들어졌을까」, 수면의료, 2018; 12: 291–8.

- He J, Kryger MH, Zorick FJ, Conway W, Roth T. Mortality and apnea index in obstructive sleep apnea. Experience in 385 male patients. Chest 1988; 94(1): 9–14.
- 우치야마 마코토, 『수면 장애의 대응과 치료 가이드라인(제3판)』; 2019.
- Givens ML, Malecki KC, Peppard PE, et al. Shiftwork, Sleep Habits, and Metabolic Disparities: Results from the Survey of the Health of Wisconsin. 2016; (2352–7218 (Print)) .
- Motomura Y, Kitamura S Fau – Oba K, Oba K Fau – Terasawa Y, et al. Sleep debt elicits negative emotional reaction through diminished amygdala–anterior cingulate functional connectivity. 2013; (1932–6203 (Electronic)) .
- Roffwarg HP, Muzio JN, Dement WC. Ontogenetic development of the human sleep–dream cycle. Science 1966; 152(3722): 604–19.

## 제3장 오늘 밤부터 '황금 시간 90분'의 질을 높이는 비법

- 니시노 세이지, 『스탠퍼드식 최고의 수면법』, 북라이프, 2017.
- Lavie P. Ultrashort sleep–waking schedule. III. 'Gates' and 'forbidden zones' for sleep. Electroencephalogr Clin Neurophysiol 1986; 63(5): 414–25.
- 니시노 세이지, 『수면 장애 현대의 국민병을 과학의 힘으로 극복한다』, 가토가와신서, 2020.
- Wertz AT, Ronda JM, Czeisler CA, Wright KP. Effects of sleep inertia on cognition. 2006; (1538–3598 (Electronic)) .
- Anegawa E, Kotorii N, Ishimaru Y, Okuro M, Sakai N, Nishino S. Chronic powder diet after weaning induces sleep, behavioral, neuroanatomical, and neurophysiological changes in mice. PLoS One 2015; 10(12): e0143909.

## 제4장 스탠퍼드 대학에서 배운다! Q&A 수면 어드바이스

- 도하라 가즈시게, 『후각의 냄새 수용 메커니즘』, 일본 이비인후과 학회 학보 2015; 118(8): 1072–5.
- 니시노 세이지, 『스탠퍼드식 최고의 수면법』, 북라이프, 2017.
- 니시노 세이지, 『수면 장애 현대의 국민병을 과학의 힘으로 극복한다』, 가토가와신서, 2020.
- Chiba S, Yagi T, Ozone M, et al. High rebound mattress toppers facilitate core body temperature drop and enhance deep sleep in the initial phase of nocturnal sleep. PLoS One 2018; 13(6): e0197521.(既出)
- 스탠퍼드식 최고의 수면에서 탄생한 '뇌가 잠을 자는 베개(Brain Sleep Pillow)', https://brain-sleep.com/news-info/215/.
- Kubitz KA, Dm L, Petruzzello SJ, Han M. The effects of acute and chronic exercise on sleep.
- A meta-analytic review. 1996; (0112–1642 (Print)) .
- Van Dongen HP, Dinges DF. Sleep, circadian rhythms, and psychomotor vigilance. Clin Sports Med 2005; 24(2): 237–49, vii–viii.
- 분할수면은 위험하다?! 건강·수면에 미치는 부정적인 효과는?, https://studyhacker.net/divided-sleep.

잠 못들 정도로 재미있는 이야기

# 수면

2023. 6. 2. 초 판 1쇄 인쇄
**2023. 6. 7. 초 판 1쇄 발행**

감 수 | 니시노 세이지(西野精治)
감 역 | 이명훈, 황미니
옮긴이 | 양지영
펴낸이 | 이종춘
펴낸곳 | BM (주)도서출판 **성안당**
주소 | 04032 서울시 마포구 양화로 127 첨단빌딩 3층(출판기획 R&D 센터)
      10881 경기도 파주시 문발로 112 파주 출판 문화도시(제작 및 물류)
전화 | 02) 3142-0036
      031) 950-6300
팩스 | 031) 955-0510
등록 | 1973. 2. 1. 제406-2005-000046호
출판사 홈페이지 | **www.cyber.co.kr**
ISBN | 978-89-315-5826-5 (04080)
      978-89-315-8889-7 (세트)
정가 | 9,800원

**이 책을 만든 사람들**
책임 | 최옥현
진행 | 정지현
교정·교열 | 안종군
본문 디자인 | 이대범
표지 디자인 | 박원석
홍보 | 김계향, 유미나, 정단비, 김주승
국제부 | 이선민, 조혜란
마케팅 | 구본철, 차정욱, 오영일, 나진호, 강호묵
마케팅 지원 | 장상범
제작 | 김유석